都市の子どもと自然をつなぐ

谷村載美 著
Tanimura Toshimi

東洋館出版社

まえがき

　都市の子どもにこそ自然体験を通した環境教育が必要だという考えがゆる
ぎないものとなったのは，『センス・オブ・ワンダー』との出会いからであ
る。地球を健全に保つためには自然界や社会に対する感性を育むことが重要
であり，そのためには子ども時代に豊かな自然体験を保障することが大切だ
というレイチェル・カーソンの主張は，私の研究活動の方向性を決めるもの
となった。それ以降，「自然が少ない」といわれる都市域において，子ども
たちの感性や生態学的な自然観を育むには，どのように環境教育を進めてい
けばよいのか探り続けてきた。

　本書は，その成果を踏まえ，子どもたちが自然のすばらしさ，きびしさな
どを体感する経験を通して，自分たちとともに存在する命が身近にあること
に気付き，それらを保全しようとする意欲を高めていった成長の記録を中心
にまとめたものである。

1　問題意識　〜都市の子どもにこそ自然体験を〜

　いま地球上で起きているさまざまな環境問題は，私たちの生活に起因し，
自然のシステムを崩す行為がもたらした結果といえる。こうした事態を招か
ぬようにと，前出のカーソンは「いまや分かれ道にいる」，「どちらの道を選
ぶべきか，いまさら迷うまでもない」と自然と共生していく道を選択するべ
きだと訴えかけた。いまから 60 余年も前のことである。

　しかし，環境問題はますます深刻化し，その解決が急務となっている。新
たな技術開発や法規制など，個々の環境問題への対応策を講じ実行する必要
性はいうまでもないが，それ以上に，持続可能な社会とはどのようなものか
を考え，環境に負荷を与えない生活スタイルを選択し実行できる人材の育成
が求められている。

　その要望に応えるために，いまいちどカーソンの言葉に耳を傾ける必要が

ある。彼女は，自然と共生していく道を進むには，自然体験を通して子ども
たちの「センス・オブ・ワンダー＝神秘さや不思議さに目を見はる感性」を
豊かにする必要があると指摘した。そして，「『センス・オブ・ワンダー』を
いつも新鮮にもちつづけるためには，わたしたちが住んでいる世界のよろこ
び，感激，神秘などを子どもといっしょに再発見し，感動を分かち合ってく
れる大人が，すくなくともひとり，そばにいる必要があります」と付け加え
た。

　子どもたちが自然とかかわる中で感性を育み，自然とどのようにつき合っ
ていけばよいのか考える素地を幼少期から培う教育の重要性を示したのであ
る。自然と接する中で，その営みのすばらしさを学び，人間は他の生物や生
態系の恩恵なくしては生きていけないことを実感できるようにするととも
に，新しい事実を発見したり，美しいものに感動したりしながら問題解決の
意欲や態度，行動力を身に付けられるようにするのである。

　都市域においてこそ，ぜひとも実践したいものである。残念ながら，子ど
もたちが日常的に見たり触れたりできる自然環境は減少の一途をたどり，
「身近に自然がない」ことを理由に，屋外や野外における自然観察指導は敬
遠されがちである。学校の中やその周辺を見直せば，樹木や草地，水辺など
で生物が食べ物を得たり産卵や休憩したりする場面に出会うこともあるが，
十分とはいえない状況が続いている。だからこそ，学校園においては子ども
たちが思いっきり自然と触れ合える環境を整備し，それを活用して環境問題
の解決に必要とされる生態学的な自然観を育む教材の開発と指導内容・方法
の創造が不可欠である。

2　研究の経緯

　そうした問題意識にたって，調査研究や実践研究に取り組んできた。ま
ず，大阪市内の小・中学生が身近な生物や自然に対してどれだけの触れ合い
体験や知識を有しているのか，市内全域から無作為二段抽出法によって対象
者を選定し，実態調査を実施した。

　調査の結果，カタバミやクマゼミのように大阪市内のいたるところに生息

生育している生物ですら名前の認識度が極めて低いなど，身近な野生生物との触れ合い度を高める必要性が浮き彫りになった。なかでも印象的だったのは，「もっと緑がほしい」，「思いっきり遊べる自然がほしい」と願う子どもが多かったことである。

　それらの結果を受けて，次に，彼らの願いに応える環境がどの程度学校内に整備されているのか把握する調査を実施した。約50校における実地調査では，多くの樹種を植栽した中庭にウグイスが飛来し，"ホーホケキョ"が授業中の子どもたちの心を癒してくれるという学校，新たに土で造成した池ではアメンボが泳ぎ，シオカラトンボが産卵する様子を観察できるという学校，校舎と塀との間に整備した「おもしろ虫ランド」，「コオロギの道」では虫や野草の観察を楽しむ子どもの姿があるという学校など，子どもたちの自然体験度を高める工夫をいくつかとらえることができた。

　しかし，その数は少なく，大多数の学校では修景的要素を重視して自然環境の整備が行われる傾向が強いことがわかった。さらに，約300校を対象にした質問紙調査では，野草園や落葉・落枝の堆積場所，生態観察用の水辺，土と直接体験できる場など，多様な生物と触れ合える環境を整備している学校は半数にも満たないことも判明した。

　こうした現状を改善するにはどうすればよいのか，環境先進国に学ぶため，ドイツで実地調査を行った。訪れた学校や公園などでは，自然と共生する環境づくりとともに環境に対して責任ある行動をとれる人材の育成に力を注ぐ取組内容が多数認められた。

　大阪市と同様の商業都市であるフランクフルト市内にあるヴォーナ・シューレ・ギムナジウム（Wohnea Schule Gymnasium）では，アスファルトで埋め尽くされた校庭を野生生物の生息空間（ビオトープ）に改修し，それを活用した環境教育が実践されていた。土で造成した池では生物や水質の調査を行い，その結果を踏まえて近隣の川の整備のあり方について提案する活動，野草園では飛来する生物の種類と数，草地が有する気候緩和の機能を調べる活動，藪ではその手前と裏側とのチリや埃のつき方の違いを調べる活動，ミニ農園では学校や近隣の民家から出た生ごみを堆肥にした栽培活動，校舎の壁面緑化など，生態系をはじめリサイクルや省エネの基本原理を学

び，生態系に負荷を与えない生き方を身に付けるようにさまざまな工夫がなされていた。これらの活動を支援するために，学校と行政，地域住民，専門機関等が連携して支援する体制が構築されており，同校はヘッセン州において環境先進校と認定されていた。

　デュッセルドルフの南公園（Südpark，約70ha）では，広大な草原に色とりどりの野花が咲き，6ha もの池にカモ類が泳ぐ姿があり，由来を知らなければ自然そのものと見間違えるほどの環境が広がっていた。そこは，緑のネットワークを目標とした都市づくりの一環として新たに造成されたものであり，人々はそれらの環境をごみ一つ落とすことなく憩いの場として利用していた。

　ライン・フリードリヒ・ヴィルヘルム大学ボン（Universität Bonn）が所有する植物園（約6ha）では，ボン市街地の周囲100 km 以内のすべての植物が生育できるようにしていた。植物の栽培園だけでなくビオトープも整備されたその空間に，市民等が自由に立ち入ることができた。植物には名札がつけられており，植物と触れ合うだけでなく名前を知る楽しみも得られた。

　こうした取組に圧倒され，自分にできることを早く実行しなければと決意を新たにしたのを覚えている。1997 年の夏のことである。

　その後，子どもたちの身近な生活空間である学校内を多様な生物の生息空間に改修し保全していく方法とその環境を活用して生態学的な自然観を育む環境教育のあり方について，志を同じくする方々とともに追究し続けた。そのなかで，すでにある学校内の自然環境を活用したり新たにビオトープを整備したりすることによって，子どもたちの自然体験度を高め，生態系概念の初歩の理解を図るなどの教育効果を得られたことは大きな成果であった。加えて，市内小・中学生を対象にした先の調査を 10 年後，20 年後に実施した結果，いずれの調査年においても生物の名前や生息環境の認識及び環境問題への関心に生物の採集経験が関与することが判明したことも，身近な自然を活用した環境教育を実践し続ける原動力となった。

　調査や授業実践から得た知見については，報告書や研修会，講演などを通じて学校や行政の関係者，大学生などに伝え続けている。都市域に生活する子どもたちが自然とのつき合い方を学び，よりよい未来を自分たちでつくれ

るようになる環境教育のあり方をともに探っていきたいからである。

3　本書の構成

　本書は，調査研究や実践研究の成果をもとに，身近な自然を活用した環境教育の実践を中心に，次のように構成している。

　第1章では，自然との共生をめざす環境教育のあり方について，その基本的な考え方を示す。各種の調査研究等から幼少期における自然体験が成人後の自然優先的な自然観や環境保全行動の促進に関与することを提示する。環境教育を進めるにあたって生態系概念とともに生物や生物多様性への畏敬の念を育むことの重要性についても触れる。

　第2章においては，大阪市内小・中学生の生物に対する体験・認識が，10年間隔の三時点においてどのように変化したのか，その要因は何かを考察した結果，生物の採集経験と生物の名前や生息環境の認識及び環境問題への関心との関係について検討した結果を提示する。そのうえで，それらの結果から，今後都市域において生物多様性や生態系を保全する意欲と態度を育むための改善策について提案する。

　第3章では，小学校における生物多様性や生態系を保全する意欲と態度を育む環境教育の進め方について，発達への配慮と生態系概念育成の観点から検討し，低・中・高学年における環境教育のねらいを提案する。提案した環境教育を実践するために，校庭などに存在する野草，昆虫，土・土壌，樹木などの自然素材を教材化する必要性と教材化の視点について示す。

　第4章では，第3章で提案した環境教育のねらいを踏まえて環境教育プログラムを作成し，実践した内容を紹介する。

　低学年では感覚を活用した直接経験を通して生物に対する感受性や興味・関心を高め，生物とかかわる楽しさ，自然の不思議さや面白さを感じとり，命あるものを大切に思う心を育むことをねらいとした実践，中学年では生物の成長のきまりや体のつくり，生物と環境とのかかわりについて調べる活動を通して，生物の多様性と共通性，生物と環境とのかかわり，生命の連続性についての見方・考え方を深められるようにすることをねらいとした実践，

高学年では我々人間の生活は自然の恩恵を受けて成り立っていることを理解し，自然と共生するあり方について考え，生物多様性や生態系を保全するために自分たちの身近でできることを考え，実践しようとする態度を育むことをねらいとした実践となっている。

　第5章にいたって，都市域において子どもたちの自然体験を保障する場の一つとして学校ビオトープを取り上げ，その基本的な考え方を押さえ，整備，活用にあたっての主な留意点について提示する。加えて，学校ビオトープを活用した環境教育の実践例を紹介する。

　本書は，自然環境の乏しい都市域において自然と共生する社会の構築に向けて主体的に行動できる人材を育成するには，どのような環境教育を推進していけばよいのか，その問いに対する解決策を模索し続けた結果をまとめたものである。

　気候変動の影響が増大し生物多様性の損失が加速化していくなか，今後ますます生物多様性や生態系の保全への意欲と態度を育む必要性が高まると考えられる。本書がその要請に応えるものとして少しでも役立つならば望外の喜びである。

目　次

第1章
命ある存在に気付き，保全しようとする子を育てる

第2章
生物との触れ合いはどのように変化したか

第3章
身近な自然を活用した環境教育を進める

第4章
環境教育の実践

第5章
都市の子どもと自然をつなぐ場をつくる
―学校ビオトープの整備と活用―

第**1**章

命ある存在に気付き，
保全しようとする子を育てる

1 環境教育の目的と自然体験

「4年生のころは，草は生えたら抜くものだと思っていたけれど，その草に集まる生き物たちがいて，生態系をつくり自然を育てていくことを知って，『実のなる森』を守っていくことが自然を守ることにつながると思った。だから，森のことを知ってもらうために，森の生き物の仲間を増やすために頑張ってきた」（原文のママ）

　大阪市内小学校6年生S児の作文の一部である。彼は，4年生当初には「草は，たとえそれがなくても人間に影響がないから抜いたほうがよい」との考えを示していた。その後，学校内で生物調査を2年間継続した6年生時点では，野草の大切さを知らせたいと1年生に草花遊びを熱心に教えたり，全学級に配布する手づくりの「生き物図鑑」の企画，作成をしたりするまでに成長した。S児にみられる生態系概念の初歩の理解をもとにした環境保全への意欲の高まりは，環境教育で求められる持続可能な社会の構築に参画する人材への成長を期待させるものである。

　こうしたS児の姿は，「環境教育等による環境保全の取組の促進に関する法律」（平成15年）の基本理念に「環境保全活動，環境保全の意欲の増進及び環境教育は，森林，田園，公園，河川，湖沼，海岸，海洋等における自然体験活動その他の体験活動を通じて環境の保全についての理解と関心を深めることの重要性を踏まえ，生命を尊び，自然を大切にし，環境の保全に寄与する態度が養われることを旨として行われる」と示されたことを具現化したものといえる。

　環境教育において自然体験が欠くことのできないものであることは従来から多くの研究者によっても提唱されてきたことであり，スウェーデンやドイツなどの環境先進国においては，子どもはもちろん教員養成課程に在籍する学生や現職教員に対する環境教育プログラムに自然体験活動が多数取り入れられてきたのもそのためであろう。デンマークやドイツで広がりを見せる「森のようちえん」やそれに類似するスウェーデンの「森のムッレ教室」では，幼児期から感覚をフルに活用した自然体験を通して自然への興味・関心

を高めるだけでなく，自分自身が自然の循環の一部であることを理解して環境配慮行動ができることを目的としたプログラムが実施されている[1]。

2 環境保全行動と自然体験

⑴『センス・オブ・ワンダー』に学ぶ

　環境の汚染と破壊の実態を世に先駆けて告発した『沈黙の春』は，出版後60余年を経た今も読み継がれ，人間中心の考えに陥りやすい我々に対して，他の生物と共生することの重要性を知らしめてくれる。その著者である海洋生物学者レイチェル・カーソンの最後の作品『センス・オブ・ワンダー』（The Sense of Wonder）には，彼女の深い信念が述べられている。幼少期の子どもはもちろん，彼らにかかわるすべての人々が，野外での自然体験を通して感動する心を耕すことの重要性を訴えている。そして，自然体験を通じて育まれた感性は，自然界や社会に負担をしいることのない健全で豊かな人生を歩むことにつながると示唆している[2]。

　　もしもわたしが，すべての子どもの成長を見守る善良な妖精に話しかける力をもっているとしたら，世界中の子どもに，生涯消えることのない「センス・オブ・ワンダー＝神秘さや不思議さに目を見張る感性」を授けてほしいとたのむでしょう。この感性は，やがて大人になるとやってくる倦怠と幻滅，わたしたちが自然という力の源泉から遠ざかること，つまらない人工的なものに夢中になることなどに対する，かわらぬ解毒剤になるのです。

　　美しいものを美しいと感じる感覚，新しいものや未知なものにふれたときの感激，思いやり，憐れみ，賛嘆や愛情などのさまざまな形の感情がひとたびよびさまされると，次はその対象となるものについてもっとよく知りたいと思うようになります。そのようにして見つけ出した知識は，しっかりと身につきます。消化する能力がまだ備わっていない子どもに，事実をうのみにさせるよりも，むしろ子どもが知りたがるような

道を切りひらいてやることのほうがどんなにたいせつであるかわかりません。

　地球の美しさと神秘を感じとれる人は，科学者であろうとなかろうと，人生に飽きて疲れたり，孤独にさいなまれることはけっしてないでしょう。たとえ生活のなかで苦しみや心配ごとにあったとしても，かならずや，内面的な満足感と，生きていることへの新たなよろこびへ通じる小道を見つけ出すことができると信じています。

　そのうえで，子どもが「センス・オブ・ワンダー」をいつも新鮮にもちつづけるためには，感動を分かち合ってくれる大人が少なくとも一人そばにいる必要があるとした。また，自然体験は，子どものそばにいる大人にとっても，その人自身の感性に磨きをかけることになると付け加えた。
　『センス・オブ・ワンダー』は，レイチェルの姪の息子ロジャーと海や森の中を探検した経験をもとに書かれたものであるが，その原点は，彼女の幼少期にあるといえる。母マリアは，森や草原にレイチェルを連れ出して自然の美しさや神秘をじっと観察することを教え，あらゆる生物が互いにかかわりながら暮らしていること，どんな小さな生命でも大切なことを感じとらせたという。その経験が自然に対する感性と生態学的な自然観を育み，『沈黙の春』などの発刊につながったものと考えられる。

⑵　各種の調査研究に学ぶ

　こうした幼少期における自然体験が感性や自然観の育成にかかわっていることは，環境教育研究者の研究成果にも認められる。アメリカのH．ハンガーフォードらは，環境保全活動を行っている団体の役員を対象に調査を行い，「環境に責任ある行動」の形成には，「エントリーレベル（入り口段階）」→「オーナーシップレベル（当事者意識の段階）」→「エンパワーメントレベル（力量形成の段階）」という3段階があること，それぞれの段階ごとに主要因と副要因が存在することを提示している[3]（図1-1）。
　ここで注目したいのは，入り口段階において環境に対する感性を主要な要

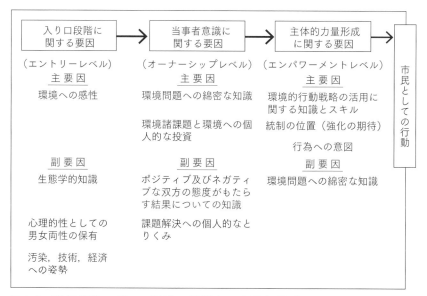

図1-1 環境行動モデル：環境に責任ある市民行動（Hungerford and Volk, 1990）朝岡幸彦編著『新しい環境教育の実践』高文堂，2005より）

因とし，感性は子ども個人による野外での頻繁な自然体験と家族やその他の手本となる人物，特に教員などによる長期的な影響によって築かれると提示していることである。副要因としては「生態学的知識」があるとし，自然体験を通した生態学的な知識をもっていることが健全な意思決定をする際に必要な前提条件となるとしている。そして，豊かな感性が身につくまでの小学校段階において，自然体験を保障する教育プログラムを提供する必要があると指摘していることである。

　我が国においても，幼少期における自然体験が成人後の自然優先的な価値観や環境保全行動に作用することが，各種の調査研究によって明らかにされている。降旗らは，ネイチャーゲームの会の役員が環境保全行動に直接的な影響を与えた重要な体験として「自然体験」を最も多く記述し，続いて「自然・環境の喪失実感」，「家族」などをあげたことから，人々の自然とのつながり，人とのつながりの基盤となっているのは，子ども時代や学生期に単独あるいは少人数の仲間と過ごした基礎的体験としての自然体験だと考えられ

るとしている[4]。呉と無藤は，大学生と専門学生を対象に幼少期の自然体験が現在の環境価値観に影響するかを探った結果，幼少期における自然体験が多い人ほど自然優先的態度をとる価値観をもちやすく，子どもの時の自然体験が現在の自然への親しみ行動に影響を及ぼしていることを明らかにしている[5]。白井は，児童期の自然と触れ合う遊びの実施度が高いほど「生活の豊かさ，便利さが多少犠牲になっても環境保全を優先すべきである」という回答比率が高いことを[6]，甲野は，自然のすばらしさを体感するような環境教育を受けていた者は職場や社外で自主的な行動をとっているが，すばらしさを体感しない者は外発的な要因である企業内規範を要因として行動していることを明らかにしている[7]。筆者が2011年に実施した調査によっても，生物を採集した経験を多くもつ者は，経験の少ない者に比べて環境問題に関する情報入手の経験が多く，環境問題への関心が高いことがわかっている（pp.39-40. 参照）。さらに，ドイツのキール大学ライプニッツ教育学研究所が1200人の生徒を対象に行った調査によれば，環境を守る行動を促進するためには，環境に関する知識を教えるよりも自然体験をさせるほうが7倍効果が高いという[8]。

　こうした指摘は，脳科学の観点から人格形成や諸能力の発達にとって幼少期における環境や教育が及ぼす作用が最も大きく，幼少期には豊かな環境や多様な環境に積極的に触れることが大切であり，その方法の一つとして野外において昆虫や植物などの生物，あるいは森や川，海等に積極的に触れることであるといわれるのと照応する[9]。自然物がもたらす刺激は人工物より繊細，微細なため，人が諸感覚を通して触れ合うことによって多様な情報を得ることができる。例えば，クスノキの葉は，視覚，聴覚，嗅覚，触覚などに多くの刺激を与えてくれるからである。感覚を通したバランスのよい刺激を脳幹に通すことは，生命の尊さ，自然への畏敬，人への優しさといったしなやかな感性を育むことにつながるという[10]。

　環境教育を推進していくうえで自然体験を繰り返し行うことの必要性が叫ばれてきた理由もここにある。「次期生物多様性国家戦略研究会報告書」（令和3年）において，自然体験を通じて，人が自然の中の一部であり，生物多様性の恵みを受けて生きていることを実感し，自然と共生する社会への理

解を深めていくことの必要性を強調しているのもそのためであろう[11]。

　いま必要なのは，単に知識を教えるだけでなく，体験を通して自然に対する感受性を養うとともに，地球上のあらゆる生物は生態系の枠内でしか生きられないことを認識できるようにし，そのうえで，自らの行為が生態系にどのような影響を与えるのかを考えて行動できる人材の育成である。

3　環境教育と生態系概念

　環境教育において生態系概念の育成が重要であることは，従来から多くの指摘がある。H. ハンガーフォードらは，環境保全行動を促進するには，その入り口段階として環境に対する感性を磨くとともに生態系に関する知識の習得が必要なことを調査によって確認している[12]。日本においては，沼田眞が「環境問題は人間環境が問題ではあるが，それに対処する基礎的立場はエコロジカルな自然理解によってきずきあげられる」[13]と主張している。また，鈴木善次は環境問題が生じた一つの要因として「『循環』や『システム』という視点を欠いた自然観，そこから生み出された技術が自然と向かい合ったこと」であると指摘し，「環境問題をよりよく理解するためにも生態系を含めて生態学的知識を身に付けることが有効なのである」[14]としている。さらに，保全生態学者である鷲谷いづみは，生態系を変質させ単純化させていくリスクを実感するには，生態系を読み解く力，生態系リテラシーを高めることが必要であるとし，そのためには，幼少期から実体験をともなう自然環境学習の機会を多く与えなければならないとしている[15]。日本学術会議の統合生物学委員会は，「多様な主体が問題の重要性を理解し行動するうえで欠かせない生物多様性と生態系に関する十分な科学的素養の醸成のためには，自然史と生態系に関する学習を初等教育，幼年教育から重視する必要がある」[16]と指摘している。

　これらの指摘からも，人間も自然の一員であるという認識のもとに環境保全行動に主体的に取り組む人材を育成するためには，生態系概念の育成が欠かせないといえる。「環境保全活動，環境保全の意欲の増進及び環境教育並びに協働取組の推進に関する基本的な方針」（平成 30 年 6 月 26 日）に国際

的な共通理解の一項目として，「地球の生態系の一員として環境を維持し，その中の生物やその他の環境との共存共栄を図る中で人々が生き，暮らすことが，持続可能な社会の一つの要件」であると示されているのもそのためであろう。

　生命－生態系が織り成す相互依存の関係を理解することは，我々の生活基盤である自然環境及び人間の社会環境を保全していくための一歩となるはずである。地球上に生息する生物は人間も含めてすべて孤立しているのでなく，それぞれが何らかのかかわりをもちながら生活していることを理解することは，自分の行動がシステム全体にどのような影響を与えるのかを予測し，その予測のもとに自分とかかわる人や生物に配慮した行動がとれる人を育成することにつながるのである。環境先進国といわれる諸国では，幼少期から生態系概念の育成に力を注いでいることからも，その重要性がわかる。

4　生物多様性保全と環境教育

　「生物の多様性に関する条約」（1993年発効）では，「『生物の多様性』とは，すべての生物（陸上生態系，海洋その他の水界生態系，これらが複合した生態系その他生息又は生育の場のいかんを問わない。）の間の変異性をいうものとし，種内の多様性，種間の多様性及び生態系の多様性を含む」[17]ものであると定義されている。

　生物多様性はそれ自体も価値を有しているが，多様な生物に支えられた生態系は，我々人類の生存基盤である。ミレニアム生態系評価では，生態系が人間社会に提供する生態系サービスを4つの機能に分類し，生物多様性の意義について次のように紹介している[18]。

① 　供給サービス（Provisioning Services）

　食料，燃料，木材，繊維，薬品，水など，人間の生活に重要な資源を供給するサービスを指す。このサービスにおける生物多様性は，有用資源の利用可能性という意味で極めて重要である。現に経済的取引の対象となっている生物由来資源から，現時点では発見されていない有用な資源まで，ある生物を失うことは，現在及び将来のその生物の資源としての利用可能性を失うこ

とになる。

② 調整サービス（Regulating Services）

　森林があることによって気候が緩和されたり，洪水が起こりにくくなったり，水が浄化されたりといった，環境を制御するサービスのことをいう。これらを人工的に実施しようとすると，膨大なコストがかかる。

　このサービスの観点からは，生物多様性が高いことは，病気や害虫の発生，気象の変化等の外部からのかく乱要因や不測の事態に対する安定性や回復性を高めることにつながるといえる。

③ 文化的サービス（Cultural Services）

　精神的充足，美的な楽しみ，宗教・社会制度の基盤，レクリエーションの機会などを与えるサービスのことをいう。

　多くの地域固有の文化・宗教はその地域に固有の生態系・生物相によって支えられており，生物多様性はこうした文化の基盤といえる。ある生物が失われることは，その地域の文化そのものを失ってしまうことにもつながりかねない。

④ 基盤サービス（Supporting Services）

　①から③までのサービスの供給を支えるサービスのことをいう。例えば，光合成による酸素の生成，土壌形成，栄養循環，水循環などがこれにあたる。

　こうした生態系サービスが将来世代にわたって享受できる社会の実現が求められているものの，世界的に生物の絶滅のスピードは増しており，生物多様性の損失は深刻化，加速化している。

　そうした事態を踏まえ，「生物多様性国家戦略2010-2020」（平成22年3月）は，生物多様性を脅かす要因の一つに，生物に関する基本的な知識を身に付ける機会の減少があると指摘したうえで，学校教育等が豊かな自然体験や学習の機会づくりを担う必要があると提起した[19]。「次期生物多様性国家戦略研究会報告書」においても，自然共生社会を目指す次の10年で取り組むべきポイントの一つとして生物多様性と生態系に対する影響を内部化する社会変革を掲げ，その実現のためには学校や民間団体等で行う環境教育の役

割が大きいことを指摘している。そのうえで，自然体験を繰り返し行うことはもちろん，なぜ生物多様性を守る必要があるのか，生物多様性の保全と持続可能な利用に向けて具体的に何をすればよいのかについて理解できるよう，教育を改善する必要性についても言及している[20]。

　そうした指摘に応えるには，子どもたちが身近な生物と触れ合う経験を繰り返し行いながら，多様な生物の存在自体に価値があるという考えをもてるようにする。また，生物は互いにつながりながら生活している実態をとらえ，そのつながりを保全する必要性に気付けるようにする。さらに，我々は生物多様性や生態系の恩恵を受けて生活できていることを実感できるようにする。そのうえで，生物多様性や生態系を保全するために，自分たちの身近でできることを考え，行動に移せるように環境教育プログラムを開発し，展開していくことが重要になる。

5　生物や生物多様性への畏敬の念を育む

　自然や環境に対する感性を磨くことや生態系の一員としての認識を深めることに加えて，生物多様性についての視点を育成することが求められている。生物は，子孫を残すためにそれぞれの生息環境や種間関係に適応しながら進化していく過程で多様性を獲得し，全世界で約 870 万種以上の生物が生息するようになっている。しかし，国際自然保護連合（IUCN）によれば，2021 年現在で約 3 万 8000 種もの野生生物が絶滅危惧種となっており，その数は今後も増え続けるという[21]。

　一つでも種が絶滅すれば種の多様性は低下し，生物の存在そのものを危うくするだけでなく，ひいては我々ヒトも危険にさらされる事態となる。子どもたちには，多様な生物の存在自体が価値あるものであり，生物どうしが互いにかかわり合いながら生活し続けている環境を保全する必要があることに気付いてほしいものである。そう願うのは，生物のありのままの生活の様子を観察し続けた子どもたちの学習記録に，生物や生物多様性に対する畏敬の念を育んでいく様子を見てきたからである。

　次は，その一例である。大阪市内の小学校 4 年生が学校ビオトープ内で

生物を観察した結果を友達や家族などと共有したいと記した「生き物新聞」の一部である。その中には、「虫も人間と同じ生物」、「人間といっしょで虫も一ぴき一ぴきちがう」というように、他の生物も自分たちと同じように命ある存在であり、その形態や生活の仕方は多様であることをとらえた内容が記されている（図1-2）。

　図1-3には、「スゴイだろ！　スゴイだろ！」、「生き物の寒い冬の知恵」というように生物の生存戦略の巧みさに感動した内容が記されている。

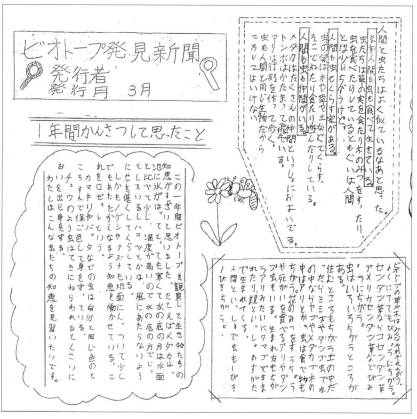

図1-2　「生き物新聞」3月号の一部

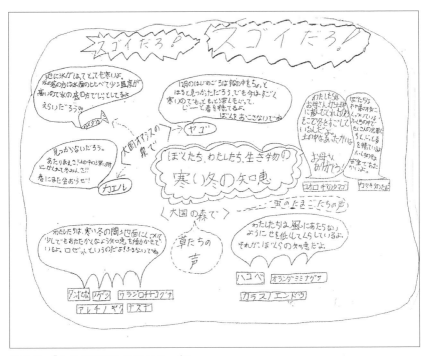

図1-3 「生き物新聞」2月号の一部

注

1) ペーター・ヘフナー，佐藤竺訳『ドイツの自然・森の幼稚園―就学前教育における正規の幼稚園の代替物―』公人社，2009，pp.30-44．今村光章・水谷亜由美「森のようちえんの理念の紹介―ドイツと日本における発展とその理念を手がかりに―」『環境教育』Vol.21，No.1，日本環境教育学会，2011，pp.70-71.

2) レイチェル・カーソン　上遠恵子訳『センス・オブ・ワンダー』佑学社，1992.

3) Hungerford, H. R., & Volk, T. L.: Changing Learner Behavior through Environmental Education. Journal of Environmental Education, vol.21, No.3, 1990, pp.8-21.

4) 降旗信一ほか「Significant Life Experiences（SLE）調査の可能性と課題」『環境教育』Vol.15，No.2，日本環境教育学会，2006，pp.4-12.

5) 呉宣児・無藤隆「自然観と自然体験が環境価値観に及ぼす影響」『環境教育』Vol.7，No.2，日本環境教育学会，1998，p.11.

6) 白井信雄「環境配慮意識の形成要因としての自然とふれあう遊びに関する研究」『環境情報科学別冊第10回環境情報科学論』
http://reserch.mki.co.jp/eco/proposal/natureplay.htm（2021年7月15日参照）

7) 甲野毅「自然保護グループに属する企業の社員が環境配慮行動を促進する要因に関す

る研究―企業内環境教育の効果に関する検証を通して―」『環境教育』Vol.21. No.1,
日本環境教育学会，2010，p.103.

8) Willi Späth ほか『改訂版　環境先進国　ドイツ　環境技術から市民のくらしまで』
大阪・神戸ドイツ連邦共和国総領事館，2004，p.46.

9) 澤口俊之『幼児教育と脳』文芸春秋，1999，p.145.

10) 大島清「心の教育を語る」『CS 研レポート』Vol.37, CS 教科教育研究所編　啓林館，
pp.11-12.

11) 次期生物多様性国家戦略研究会「次期生物多様性国家戦略研究会報告書」2021
https://www.env.go.jp/press/files/jp/116584.pdf（2021 年 7 月 15 日参照）

12) HARORD HUNGERFORD etal.　前出

13) 沼田眞『環境教育論―人間と自然のかかわり―』東海大出版会，1982，p.6.

14) 鈴木善次『人間環境教育論』創元社，1994，pp.177-178.

15) 鷲谷いづみ・武内和彦・西田隆『生態系へのまなざし』財団法人　東京大学出版会，
2005，p.185.

16) 日本学術会議　統合生物学委員会「提言　生物多様性の保全と持続可能な利用～学術
分野からの提言～」
http://www.scj.go.jp/ja/info/kohyo/pdf/kohyo-21-t90-1.pdf（2021 年 2 月 26 日 参
照）

17) 生物多様性に関する条約　第二条
https://www.biodic.go.jp/biolaw/jo_hon.html（2021 年 9 月 1 日参照）

18) 環境省「平成 19 年版　図で見る環境／循環白書」
https://www.env.go.jp/policy/hakusyo/zu/h19/html/vk0701020100.htht#1_2_1_1
（2021 年 9 月 1 日参照）

19) 環境省「生物多様性国家戦略 2012-2020 ～豊かな自然共生社会の実現に向けたロー
ドマップ～」
https://www.biodic.go.jp/biodiversity/about/initiatives/files/2012-2020/01_honbun.
pdf（2021 年 9 月 1 日参照）

20) 次期生物多様性国家戦略研究会「次期生物多様性国家戦略研究会報告書」
https://www.env.go.jp/press/files/jp/116584.pdf（2022 年 6 月 2 日参照）

21) IUCN Red List of Threatened Species
https://www.iucnredlist.org/ja（2021 年 9 月 1 日参照）

第2章

生物との触れ合いは
どのように変化したか

生物多様性や生態系を保全する意欲と態度を育むために，特に人口の多く
を占める都市域に生活する人々が，生物多様性が豊かに保たれた緑地空間や
親水空間に出かけ，日常的に自然体験できる割合を増やすことが求められて
いる[1]。子どもたちの自然体験の機会を保障することが急務となっているの
である。しかし，都市域では，彼らの生活圏に緑地が少なく，生物多様性に
乏しいことを背景に，自然とのつき合い方を知らない子が増えていると指摘
されている[2]。また，「チョウやトンボ，バッタなどの昆虫をつかまえたこ
と」が「ある」と回答した子どもは，1998年に比べて2005年と2009年に
減少し，2012年に増加しているものの再び減少傾向にあるという[3]。

　大阪市においても，このような状況がみられるのだろうか。1991年，
2001年，2011年に実施した「小・中学生の自然とのふれ合いに関する調査」
では，三時点でどのような変化がみられるのか，また，それらを生み出した
背景はどのようなことなのかを探ってみた。

調査の内容・方法等

　大阪市内等に生息する生物18種の生態写真を左ページ，生物が生息
する環境（場所）を右ページにカラー印刷した質問紙を用い，18種の
生物について調査時点から過去1年間に見た経験と採集した経験の有
無，生物の名前（自由記述），生物の生息環境（選択）を尋ねた。

　調査は，大阪市内の各行政区から無作為二段抽出法により選んだ小・
中学校に在籍する小学1年生〜中学3年生を対象に実施した。有効回
答数は，1991年が5637人，2001年が5328人，2011年が5086人であ
る。

　各調査年の結果を比較し，それらに有意差があるかχ^2検定を行っ
た[4]。

1　生物を見た経験，採集した経験の変化

　生物を実際に見たと答えた者の割合（「見ただけ」と「採集した」の合
計，以下，見た経験率）と採集したと答えた者の割合（以下，採集経験率）

について，1991年，2001年，2011年の調査結果を比較した（図2-1）。

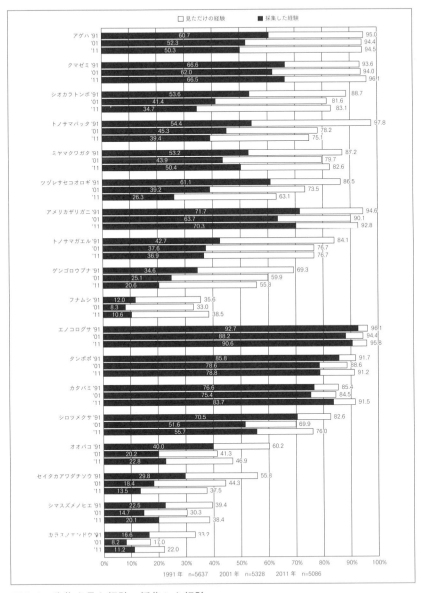

図 2-1　生物を見た経験，採集した経験

いずれの調査年においてもアゲハ，クマゼミ，アメリカザリガニ，エノコログサの見た経験率は90％以上と高く，フナムシ，シマスズメノヒエ，カラスノエンドウは40％に満たない。三時点における変化をみると，18種のうち15種の見た経験率は1991年に比べて2001年の方が低い（有意に低いことを示す）。そのうち，トノサマバッタ，ツヅレサセコオロギ，ゲンゴロウブナ，セイタカアワダチソウは，さらに2011年の方が低くなっている。それらに対して，11種の生物は2001年に低下したものの，2011年の方が高い（有意に高いことを示す）。1991年と2011年を比べると，18種のうち12種の見た経験率は2011年の方が低い。

　次に採集経験率をみると，カタバミを除く17種の生物は1991年に比べて2001年の方が低い。そのうち，アゲハ，シオカラトンボ，トノサマバッタ，ツヅレサセコオロギ，トノサマガエル，ゲンゴロウブナ，セイタカアワダチソウはさらに2011年に低下し，その度合いも大きい。それらに対して，タンポポは差がなく，他の10種は2001年に比べて2011年の方が高くなっている。1991年と2011年を比べると，18種のうち15種の採集経験率は2011年の方が低い。

　以上から，①生物を見た経験率，採集した経験率のいずれにおいても，多くの種で，1991年に比べて2001年及び2011年の方が低い，②2001年と2011年を比べると，2011年の方が高い生物，差のない生物，2011年の方が低い生物に三分される，③程度の差はあるものの，多くの種で，見た経験率と採集経験率の経年変化は同様の傾向を示すことがわかった。

　そうした「経験率」の変化の背景としては，①本調査で取り上げた生物の生息環境の変化，②子どもたちの野外での活動経験の変化が考えられる。さらに，②ともかかわって，③指導者，教科用図書（以下，教科書）などの子どもたちを取り巻く教育環境の変化が考えられる。

　①に関して，残念ながら各調査年における生物の生息状況を示す直接的な資料は得られていないが，18種のうち16種については，1998年の調査において大阪市内の各地の公園，緑地，空き地，河川敷などで確認されている。

　見た経験率，採集経験率ともに1991年→2001年→2011年と順次低下し

ているトノサマバッタについては，膝丈ぐらいの草地と裸地がセットになった荒地のような場所の減少により，1998年当時において既に15年前に比べて生息を確認する機会が少なくなったと報告されている。また，公園や家の周りで最も普通に確認されたツヅレサセコオロギも，1998年当時において空き地の多かった10年前に比べて減少しているという[5]。セイタカアワダチソウも空き地などの減少による影響があるものと考えられる。

　経験率が1991年に比べて2001年に低くなったものの，その後2011年に高くなった生物の生息環境はどうか。クマゼミについては，抜け殻調査の結果，2004年では採取した抜け殻全体の約89％を占めたのに対して，2010年では約95％と増加しているとの報告がある[6]。

　大阪市内で使用された生活及び理科の教科書への収録状況をみると，クマゼミは，2005年の内容改訂以降に小学校第1・2学年（以下，小1・2のように略す）に，2011年では小3・4にも追加されている。アメリカザリガニ，エノコログサ，カタバミ，シロツメクサ，ミヤマクワガタ（クワガタとして）については，程度の差はあるものの，2001年に比べて2011年の方が教科書に収録された学年が増えている（表2-1，表2-2参照）。このことから，指導者の働きかけによる子どもたちの行動に変化が生じたものと考えられる。

　これらの例から，18種の生物の「経験率」の変化は，先に示した①②③の背景のかかわり方が種類ごとに異なることから生じたものと考えられる。

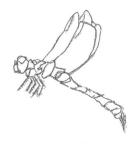

（第5学年F児の学習記録より）

表 2-1 本調査で取り上げた生物の大阪市で使用した小学校生活及び理科の教科用図書への収録状況
（1991 年～ 2011 年における内容更新ごと）

小学校

生物名（縦列）：
アゲハ
クマゼミ
シオカラトンボ
トノサマバッタ
ヤマトシジミ
リンゴカミキリ
ツマグロヒョウモン
トノサマガエル
ニホンアマガエル
ツチガエル
エンコロヤナギ
タンポポ
カラスノエンドウ
オオバコ
セイタカアワダチソウ
シマスズメノヒエ
カラスムギ
シロツメクサ

（年区分）'88 '92 '96 '00 '02 '05 '09 '11 ── 1 ～ 6

表 2-2 本調査で取り上げた生物の大阪市で使用した中学校理科の教科用図書への収録状況
（1991 年～ 2011 年における内容更新ごと）

中学校

生物名（縦列）：
アゲハ
クマゼミ
シオカラトンボ
トノサマバッタ
シロツメクサ
オオバコ
ソシレゲコオロギ
アメリカザリガニ
トノサマガエル
ニホンアマガエル
ヤンマゴロウナナ
ワカムシ
エノコロヤナギ
タンポポ
カラスノエンドウ
シロツメクサ
セイタカアワダチソウ
シマスズメノヒエ
カラスムギ
オオバコ

（年区分）'89 '93 '97 '01 '02 '06 '10 '11 ── 1 ～ 3

注）
表 2-1 及び表 2-2 の○は、本調査において正答とした生物名が記載されていることを、◇は準正答とした生物名が記載されていることを示す。網掛け部分は、本調査の実施年 1991 年、2001 年、2011 年に使用された教科書への収録状況を示す。

30

2 生物名の正答率の変化

　生物の写真を見て，生物名が正しく記述できるかどうか，表2-3に示した採点基準を設けて調査し，三時点における変化をとらえた（図2-2）。

　いずれの調査年においても，アゲハ，エノコログサ，タンポポの正答率は他に比べて高く，ミヤマクワガタ，トノサマガエル，カタバミ，セイタカアワダチソウ，シマスズメノヒエ，カラスノエンドウの正答率は低い。なかでも極端に低いミヤマクワガタは，2001年ではカブトムシと回答する子が多かった。平成8・12年度に改訂された教科書の表紙などを含めて詳しく扱

───── **回答の採点基準** ─────

　理科の教科書や各種の図鑑に使われている和名が記述されていれば正答，セミ，トンボ，カエルなど，科のレベルで総称できる名前，または地方名が記述されていれば準正答として処理した。写真だけでは判定が難しいと予想されるセイヨウタンポポとツヅレサセコオロギについては，タンポポ，コオロギと記述されていれば正答とした（表2-3）。

表2-3　生物名の回答の採点基準

	和名	正答	準正答
①	アゲハ（ナミアゲハ）	アゲハ，アゲハチョウ，ナミアゲハ	チョウ，……チョウ
②	クマゼミ	クマゼミ	……セミ
③	シオカラトンボ	シオカラトンボ	……トンボ
④	トノサマバッタ	トノサマバッタ	……バッタ
⑤	ミヤマクワガタ	ミヤマクワガタ	……クワガタ
⑥	ツヅレサセコオロギ	ツヅレサセコオロギ，コオロギ	
⑦	アメリカザリガニ	アメリカザリガニ	ザリガニ
⑧	トノサマガエル	トノサマガエル	カエル，……カエル
⑨	ゲンゴロウブナ	ゲンゴロウブナ，フナ	
⑩	フナムシ	フナムシ	ワラジムシ
⑪	エノコログサ	エノコログサ，ネコジャラシ	
⑫	セイヨウタンポポ	タンポポ，……タンポポ	
⑬	カタバミ	カタバミ	スイバ
⑭	シロツメクサ	シロツメクサ，クローバー	
⑮	オオバコ	オオバコ	
⑯	セイタカアワダチソウ	セイタカアワダチソウ	アキノキリンソウ
⑰	シマスズメノヒエ	シマスズメノヒエ，スズメノヒエ	
⑱	カラスノエンドウ	カラスノエンドウ	スズメノエンドウ

われていて，その印象が強く残っていた可能性が考えられる。カタバミについては，いずれの調査年においても「三つ葉のクローバー」との回答が多数を占めた。教科書では中 1 で 1997 〜 2011 年で扱われているほかは，2011 年に小 3 のみの扱いであったため，名前を知る機会が少なかったためと考えられる。

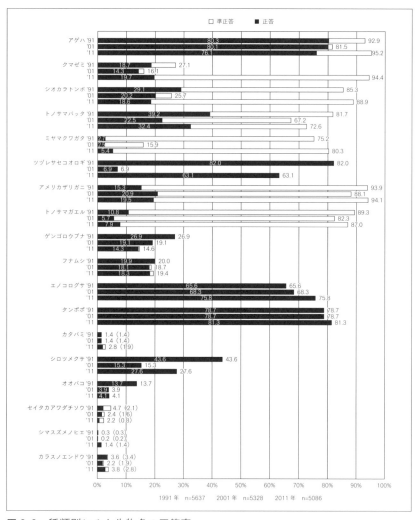

図 2-2　種類別にみた生物名の正答率

注目されるのは，図2-1で示した採集経験率と生物名の正答率との関係である。生物名の正答率に採集した経験が関与することが明らかにされているからである[7]。

　採集経験率が1991年に比べて2001年に低下した17種のうち，クマゼミ，シオカラトンボ，トノサマバッタ，ツヅレサセコオロギ，トノサマガエル，ゲンゴロウブナ，フナムシ，シロツメクサ，オオバコ，カラスノエンドウの10種は，正答率も2001年の方が低い。他の生物については，アメリカザリガニ，エノコログサは2001年の方が高く，他の5種については差がない。

　採集経験率が2001年に比べて2011年の方が高い10種の生物では，クマゼミ，ミヤマクワガタ，エノコログサ，カタバミ，シロツメクサ，シマスズメノヒエ，カラスノエンドウの7種の正答率は2011年の方が高い。アメリカザリガニ，フナムシ，オオバコは差がない。採集経験率が2001年に比べて2011年の方が低い6種の生物では，アゲハ，シオカラトンボ，ゲンゴロウブナ，セイタカアワダチソウは2011年の方が低い。トノサマバッタ，ツヅレサセコオロギは，2011年の方が高い。

　このように，生物名の正答率に採集した経験が関与している状況が10種程度にみられるものの，他の生物ではばらつきがある。その要因の一つとして教科書への収録状況の影響が考えられる。そこで，生物名の正答率と生物の教科書への収録状況とのかかわりを検討してみる（図2-3）。

　2005～2010年版の小学校低・中学年の教科書に継続して収録されたアゲハ（小1・2・3で），エノコログサ（小1・3で），タンポポ（小1・2・3で）は，小1で60％以上の正答率を示したのち，学年が上がるにつれて高まり，小3あるいは小4で80％以上と最も高くなる。それ以降は徐々に低下傾向にあるものの，中3においても60％以上の正答率を示す。ツヅレサセコオロギ（小1・2・3で）は，小1で約30％を示したのちに学年が上がるにつれて高くなり，小3で60％に達し，それ以降も継続する。

　それらに対して，2005～2010年版には収録がなく，2011年版に新たに小学校低・中学年で収録される学年が増えたクマゼミ（小3・4で），シオカラトンボ（小2・3で），トノサマバッタ（小1で），シロツメクサ（小2

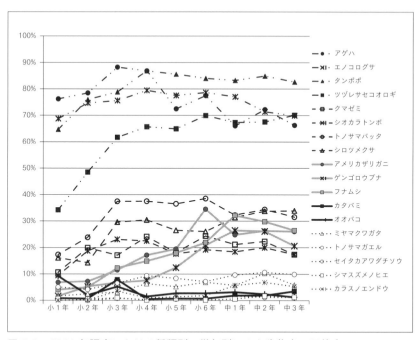

図2-3　2011年調査における種類別・学年別にみた生物名の正答率

で）は，小1から小3へと学年が上がるにつれて高くなるものの，各学年の正答率は40％以下である。2000年版以降では小学校の教科書に収録がなかったものの，2011年版に新たに小3に収録されたカタバミは，小3において約8％と最も高い値を示す。2011年版では小1と中1で収録されているオオバコは，小1で約9％と最も高く，小3とは差がないものの，他の学年に比べて高い。このほか，アメリカザリガニは小6で，ゲンゴロウブナは中1・2でというように，教科書に収録された学年で高い正答率を示す。すべての学年で約10％以下と低い生物のうち，トノサマガエル，セイタカアワダチソウ，シマスズメノヒエ，カラスノエンドウでは，学年による顕著な差はない。2000年版以降の教科書には収録がないにもかかわらず，フナムシは小1から徐々に高くなり中1で約30％を示す。その要因としては，発達に伴う行動範囲の広がりの影響が考えられる。

　これらの例から，生物の教科書への収録状況の差が子どもたちの知識の習

得及び指導者の働きかけに違いを生じさせ，生物名の正答率の差に影響したものと考えられる。

3 生物の生息環境の認識度の変化

18種の生物の生息環境（野山，道端，田畑，公園，水辺）を示した16枚のカラー写真の中から該当すると思われる生息環境を1つ選び，正しく指摘できた者の割合（ここでは，認識度という）を比較した（図2-4）。

いずれの調査年においても，認識度が60％を超えているのは，シオカラトンボ，トノサマバッタ，ミヤマクワガタ，エノコログサである。18種すべての認識度は，1991年に比べて2001年の方が低下しているのに対して，2011年には2001年の認識度に比べて高い生物，差がない生物，低い生物に三分される。

ここでも採集経

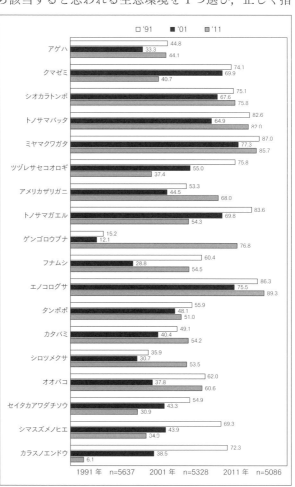

図2-4 種類別にみた生物の生息環境の認識度

験率と比べてみる。1991 年に比べて 2001 年の方が低い採集経験率を示した
17 種のすべての認識度は，1991 年に比べて 2001 年の方が低い。2001 年よ
り 2011 年の方が高い採集経験率を示す 10 種のうち，ミヤマクワガタ，ア
メリカザリガニ，フナムシ，エノコログサ，カタバミ，シロツメクサ，オオ
バコの認識度は 2011 年の方が高いものの，クマゼミ，シマスズメノヒエ，
カラスノエンドウの認識度は 2011 年の方が低い。2011 年の方が低い採集経
験率を示すアゲハ，シオカラトンボ，トノサマバッタ，ゲンゴロウブナの認
識度は，2011 年の方が高い。これら 4 種については他の種に比べて教科書
への生態写真の収録頻度が高いことが影響しているものと考えられる。

4 生物の名前や生息環境の認識と直接経験との関係

　生物の名前や生息環境を認識するうえで直接経験が重要であると指摘され
てきた[8]。ただし，直接経験には視覚を通した経験と触覚を通した経験が含
まれる。どちらの経験が大きく関与するのか探ってみた。

　1991 年と 2001 年の調査において，生物を採集した経験のあるグループ
（以下，「採集経験者群」）と見ただけの経験があるグループ（以下，「見ただ
け経験者群」）に分けて検討してみたところ，いずれの調査年においても 18
種のうち 15 種で「採集経験者群」の方が高い正答率及び認識度を示した[9]。
2011 年においても同様の結果を得られるのか，2 つのグループで比較して
みた。

　表 2-4 から，18 種の生物のうち 16 種については「採集経験者群」の方が
名前の正答率が高く，14 種において有意差が認められる。しかし，フナム
シ，カタバミ，セイタカアワダチソウ，シマスズメノヒエは有意差がない。
そのうち，カタバミは，いずれの調査年においても採集経験率は 70 ％を超
えているにもかかわらず，「三つ葉のクローバー」などの間違った名前を記
入した者が多く，他は無回答であった。中 1 では 1997 年版より継続して教
科書に収録されてきたものの，小学校では 2011 年版に小 3 で収録されるま
では 1992 年版と 1996 年版に小 4 で収録されたのみであったため，名前を
学習する機会が少なかったものと考えられる。同様に，教科書に収録された

表2-4 2011年調査における生物を見ただけの経験があるグループ（群）と採集した経験があるグループ（群）の生物名の正答率

名前の正答率 / 生物名	採集した経験が ある群の 正答率（％）	見ただけの経験 がある群の 正答率（％）	χ^2 検定
アゲハ	86.4	69.6	＊＊＊
クマゼミ	26.1	7.1	＊＊＊
シオカラトンボ	31.6	12.8	＊＊＊
トノサマバッタ	42.8	32.0	＊＊＊
ミヤマクワガタ	7.6	2.8	＊＊＊
ツヅレサセコオロギ	85.1	74.4	＊＊＊
アメリカザリガニ	22.5	11.8	＊＊＊
トノサマガエル	11.7	5.9	＊＊＊
ゲンゴロウブナ	22.4	17.0	＊＊＊
フナムシ	39.0	39.4	n.s
エノコログサ	78.3	50.4	＊＊＊
タンポポ	89.4	63.2	＊＊＊
カタバミ	2.0	2.8	n.s.
シロツメクサ	41.1	12.7	＊＊＊
オオバコ	8.9	2.9	＊＊＊
セイタカアワダチソウ	1.6	0.9	n.s.
シマスズメノヒエ	1.0	0.8	n.s.
カラスノエンドウ	14.9	4.0	＊＊＊

n=5086

＊＊＊：p＜.001　＊＊：p＜.01　＊：p＜.05　n.s.: 有意差なし

のは1996年版に小2でしかないフナムシの場合，名前の正答率はカタバミに比べて高い。フナムシについては，採集したくとも「捕まえられなかった」ということが考えられる。シマスズメノヒエも教科書への収録がなく，そのような状態では有意差が認められないのは当然といえる。セイタカアワダチソウは，2001年においては有意差があった植物である。2011年版に小1の教科書に新たに収録されたものの，生育環境の減少とともに調査年毎に見た経験率及び採集経験率が低下している。

　生息環境の認識度と採集した経験との関係はどうか。表2-5から16種の生物において「採集経験者群」の方が生息環境の認識度が高く，また，15

種で有意差が認められた。名前の正答率では有意差のなかったカタバミは，生息環境の認識度で有意差が認められる。教科書への収録状況の影響で和名を知る機会は少なかったものの，大阪市内のいたるところに生育しているため実際に採集した経験が多かったからだと考えられる。有意差の認められなかった生物のうち，フナムシとシマスズメノヒエは，2000年以降の教科書に収録されたことがなく，子どもたちにとって馴染みの少ない生物である。セイタカアワダチソウは，生育環境の減少とともに見た経験率，採集経験率ともに減少したために判断が難しかったものと考えられる。

表2-5　2011年調査における生物を見ただけの経験がある群と採集した経験がある群の生物の生息環境の認識度

生物名 ＼ 生息環境の認識度	採集した経験がある群の認識度（％）	見ただけの経験がある群の認識度（％）	χ^2 検定
アゲハ	46.8	42.2	＊＊
クマゼミ	87.5	83.6	＊＊＊
シオカラトンボ	79.2	75.8	＊＊＊
トノサマバッタ	78.2	69.8	＊＊＊
ミヤマクワガタ	91.3	88.4	＊＊
ツヅレサセコオロギ	64.6	58.2	＊＊＊
アメリカザリガニ	38.2	27.2	＊＊＊
トノサマガエル	81.1	78.0	＊＊
ゲンゴロウブナ	9.7	6.1	＊＊＊
フナムシ	53.0	54.7	n.s
エノコログサ	87.6	72.1	＊＊＊
タンポポ	64.5	55.2	＊＊＊
カタバミ	53.0	46.2	＊＊＊
シロツメクサ	44.1	34.4	＊＊＊
オオバコ	50.8	75.8	＊＊＊
セイタカアワダチソウ	63.2	62.7	n.s.
シマスズメノヒエ	65.5	62.5	n.s.
カラスノエンドウ	71.7	61.0	＊＊＊

n=5086

＊＊＊：p＜.001　＊＊：p＜.01　＊：p＜.05　n.s.: 有意差なし

名前の正答率及び生息環境の認識度ともに有意差が認められるのは14種で，2011年においても採集した経験が名前の正答率及び生息環境の認識度に有効に働いている状況がみられた。

5　環境問題への関心と直接経験との関係

　ここでは，環境保全行動に至るまでに必要な環境問題への関心[10]に生物との直接経験が関与するのか探ってみる。2011年の調査において，小学校5年生～中学校3年生までを対象に生物に対する直接経験の有無を尋ねた項目と環境問題に関する情報入手の経験及び環境問題への関心の程度を尋ねた項目とのクロス集計を行い，生物に対する直接経験の割合が高い者ほど環境問題への関心が高いといえるかどうかを検討する。

⑴　環境問題に関する情報入手の経験と直接経験との関係

　生物に対する直接経験の有無を尋ねた18項目に対して，見ただけの経験あるいは採集した経験が「ある」と回答すれば1点を加算して得点化し，それぞれの得点に属するグループの環境問題に関する情報入手の経験の有無を尋ねた項目とのクロス集計を行った。その結果が図2-5と図2-6である。

　「見ただけ経験者群」で14点以上の各得点を得た者はそれぞれ12名に満たなかったため，統計の信頼性を鑑みて，0～13点の間で検討する。得点が1～6点までは各得点における情報入手が「ある」とする回答率に大差

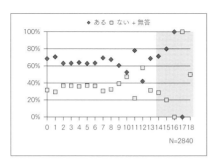

図2-5　見ただけの経験と環境問題に関する情報入手の経験

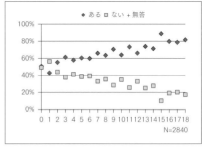

図2-6　採集した経験と環境問題に関する情報入手の経験

がなく「ない」の回答率より高いが，7～10点にかけては「ある」の回答率は低下し，「ない」の回答率が高くなる。それ以降では，回答率にばらつきが認められる。「採集経験者群」ではすべての得点に19名以上が属するため，0～18点で検討する。採集した経験が「ある」とした得点の高いグループ（群）ほど，環境問題に関する情報入手の経験率が高いことがわかる。

⑵ 環境問題への関心の程度と直接経験との関係

「見ただけ経験者群」で14点以上の各得点を得た者はそれぞれ12名に満たなかったため，統計の信頼性を鑑みて，0～13点の間で検討する。見ただけの経験が「ある」とした得点が高くなるにつれて「もっとくわしく知りたい」，「知りたい」の回答率が減少し，「今のままでよい」の回答率が増加することが読み取れる（図2-7）。「採集経験者群」ではすべての得点に19名以上が属するため，0～18点で検討する。得点が高くなるにつれて「もっとくわしく知りたい」，「知りたい」が増加し，「今のままでよい」，「知りたくない」が減少することがわかる（図2-8）。

以上から，生物を見ただけの経験より採集した経験を多くもつグループ（群）の方が，環境問題に関する情報入手の経験率が高く，環境問題への関心が高いといえる。

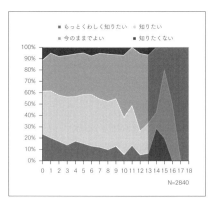

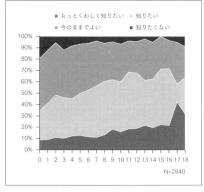

図 2-7　見ただけの経験と環境問題への
　　　　関心の程度

図 2-8　採集した経験と環境問題への関
　　　　心の程度

6 生物多様性や生態系を保全する意欲と態度を育むために

　調査結果を総合的にみると，生物を見た経験率，採集経験率，生物名の正答率，生息環境の認識度のいずれについても，多くの種で，1991 年に比べて 2001 年及び 2011 年の方が低下していること，2001 年に比べて 2011 年の方が高い生物，差のない生物，低い生物があることが明らかになった。その背景としては，生物の生息状況や小・中学生自身の行動の変化，教科書などの教育環境の変化があること，そして，それら背景の影響の度合いは生物によって異なるということが推測された。また，いずれの調査年においても，生物の「採集経験者群」の方が「見ただけ経験者群」より，生物の名前や生息環境を正しく指摘できる割合が高いことが明らかになった。さらに，生物名の正答率は教科書に収録された学年において高くなる傾向が読みとれた。生物を見ただけの経験より採集した経験を多くもつグループ（群）の方が，環境問題に関する情報入手の経験率が高く，環境問題への関心度が高いことも判明した。

　これらを踏まえ，都市域において生物多様性や生態系の保全への意欲と態度を育む環境教育を推進するには，これまで以上に，次のような点に留意する必要がある。それらは全国にも通じるものと考える。

① 教科書教材にとらわれることなく，学校や地域に生息する野生生物の教材化を図る。

② 直接経験を通して生物への関心を高め，生態系概念を育む学習プログラムを開発し，展開する。

③ 生物多様性や生態系を保全する重要性を理解し，その認識をもとにした行動を促進できるよう，学習内容を工夫する。

④ 上記の①，②，③を可能にするために，自然環境の乏しい都市域においても生物に対する採集経験率を高められるよう，学校内等にビオトープを整備し，その活用を図る。

⑤ 指導者自らが学校内や地域の生物を素材として教材を開発し，授業を展開して評価できる力を育む必要がある。そのための研修会を充実することも求められる。

注

1) 次期生物多様性国家戦略研究会，「次期生物多様性国家戦略研究会報告書」
https://www.env.go.jp/press/files/jp/116584.pdf（2022 年 6 月 2 日参照）

2) 環境省「生物多様性国家戦略 2010-2020 ～豊かな自然共生社会の実現に向けたロードマップ～」
https://www.biodic.go.jp/biodiversity/about/initiatives/files/2012-2020/01_honbun.pdf（参照 2021 年 8 月 16 日）

3) 独立行政法人国立青少年教育振興機構「青少年の体験活動等に関する意識調査（令和元年度調査）」
http://www.niye.go.jp/kanri/upload/editor/154/File/zentai.pdf（参照 2021 年 8 月 16 日）

4) 谷村載美「大都市における小・中学生の動植物に対する体験・認識に関する研究（2）―1991 年，2001 年，2011 年における調査結果の比較分析―」『環境教育』Vol.24，No.3，日本環境教育学会，2015，pp.106-113.

5) みどりと生き物のマップづくり会議　大阪市の生き物編集委員会『メッシュマップ大阪市の生き物』大阪市環境保健局環境計画課，1998，p.155，p.142.

6) 大阪府環境農林水産部 みどり・都市環境室みどり推進課　自然環境グループ．「『おおさか生きもの調査』4 ヵ年の調査をふりかえって」
www.epcc.pref.osaka.jp/press/h20/06061/2.pdf 及び万博記念公園「セミのぬけがら調査」の結果発表．
www.expo70.or.jp/forest/pdf/h231/110929_semichousa.pdf（2012 年 5 月 8 日参照）

7) 小林辰至・前田保夫「小中学生の身近な動植物とのふれ合いと生物名の理解度に関する研究（2）―生物の理解度に及ぼす直接経験の影響について―」『日本理科教育学会研究紀要』Vol.29，No2，日本理科教育学会，1988，pp.57-58.

8) 小林辰至・前田保夫．前出

9) 谷村載美　前出

10) 三坂和弘「環境教育における心理プロセスモデルの検討」『環境教育』Vol.13，No.1，日本環境教育学会．2003，p.11.

付記

　「小・中学生の自然とのふれ合いに関する調査」は，平成 5 年度科学研究費補助金（奨励研究　課題番号 05907017）と平成 23 年度科学研究費補助金（奨励研究　課題番号 23907031）の助成を受けて遂行した。調査の実施等にあたっては，鈴木善次大阪教育大学教育学部教授（当時）及び仲矢史雄大阪教育大学科学教育センター准教授（当時）のご指導・ご助言を賜った。ここに深く感謝申し上げる。

第**3**章

身近な自然を活用した
環境教育を進める

1 発達に配慮した環境教育の進め方

「小・中学生の自然とのふれ合いに関する調査」の結果，大阪市内の小・中学生の生物を見た経験率，採集経験率，生物名の正答率，生息環境の認識度のいずれについても，多くの種で，1991年に比べて2011年の方が低下していることがわかった。その後に実施された全国学力・学習状況調査においても，自然の中で遊んだり観察したりした経験は全国平均に比べて小学校6年生で約4ポイント，中学校3年生で約7ポイント低いことが明らかになっている[1]。生物との直接経験を通して，自分と同じ命ある存在が身近に生活していることに気付き，それらを保全しようとする意欲や態度を育むことが急務となっている。

では，具体的な環境教育の計画や学習プログラムの作成をどのように進めていけばよいのだろうか。発達を考慮した環境教育については，イギリスで提案された，「環境における・環境を通しての教育」，「環境についての教育」，「環境のための教育」の3つが環境教育を構成する要素として普及していった[2]。我が国においては，阿部治が生涯学習の観点から，発達段階に応じた環境教育のあり方として図3-1のように示し，幼児期では感性を養うことを主な目的として野外における自然との直接体験を重視すること，小学校低学年からは四季の変化から生物の暮らしと環境とのかかわりを学び，続いて生態系や物質循環，地球環境問題の学習を行うこと，高学年以上になると環境問題を解決するための何らかの行動に参加することが環境教育の中心課題にな

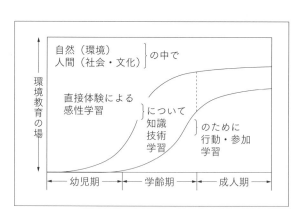

図3-1 発達段階に応じた環境教育のあり方
（大来佐太郎・松前達郎監修，阿部治編集『子どもと環境教育・環境教育シリーズ』，東海大学出版より）

るとしている[3]。

こうした進め方は，「環境教育指導資料［幼稚園・小学校編]」においても見られ，小学校における環境教育のねらいを次のように示している。

① 環境に対する豊かな感受性の育成

② 環境に関する見方や考え方の育成

③ 環境に働き掛ける実践力の育成

小学校の低学年までに環境に対する豊かな感受性や興味を高めるとともに自然のすばらしさや生命の大切さを感得するように，中・高学年につれて，体験を通して物の連鎖（つながり）や循環という考え方を身に付け，より主体的に環境とかかわり，環境を大切にすることができるようにすることをねらいとしている[4]。

生物多様性に関しては，発達心理学の研究によると小学校の中学年以降にならないと生物同士の関係に目がいかないため，その時期から食物連鎖の簡単な内容として生物同士の関係を理解できるようにすることが重要であり[5]，種の多様性を扱うことが適切であるといわれている[6]。

生態系概念についてはどうか。H. ハンガーフォードは，環境教育の目標のレベル1に生態学的基礎知識の習得をあげ，その具体的な内容として9項目（A〜I）を提示している[7]（表3-1）。これらすべての理解を小学校段階で図るのは難しいが，低学年では項目Aについて，中学年以降では項目B・Cについての概念形成を図ることは可能である。項目D〜Iの内容は中学生以上のものとなるが，その初歩の概念として，多様な生物が他の生物や無機的な環境とかかわりながら生活しているという見方・考え方を深めておくことが大切になる。

以上から，低学年においては，まず，身近な自然との直接経験を豊かにし，そのうえで中・高学年においては，生態系概念の初歩の理解として「生物どうしのつながり」の理解を図ることが必要だとい

表3-1　生態学的基礎知識

| A. 個と個 |
| B. 相互作用と相互依存 |
| C. 環境と制限要因 |
| D. エネルギーの流れと物質循環 |
| E. 生物群集と生態系概念 |
| F. 恒常性 |
| G. 遷移 |
| H. 生態系の一員である人間 |
| I. 人の活動と社会との生態学的意味あい |

える。

　プログラムの作成にあたっては、「環境問題や自然についての知識を得たり、体験、調査、遊びを通じて関心を高めるものであることに加え、そこから一歩進んで、環境問題の原因、これを解決するための具体的な対策、また、環境と私たちの社会のあり方について自ら考え、具体的な取組へと結びつけていくことができるようなものであることが重要です」とする「環境保全活動、環境保全の意欲の増進及び環境教育並びに協働取組の推進に関する基本的な方針」（平成30年6月26日）の指摘を考慮したい。

　これらを踏まえて、発達に応じて生物多様性や生態系を保全する意欲と態度を育む環境教育のねらいを表3-2のように考える。

　小学校低学年では、感覚を活用した直接経験を通して生物に対する豊かな感受性や興味・関心を高め、生物とかかわる楽しさ、自然の不思議さや面白さを感じ取り、命あるものを大切に思う心を育む。中学年では、生物の成長や体のつくり、生物とその周辺の環境とのかかわりについて調べ、生物の多様性と共通性、生物と環境とのかかわり、生命の連続性についての見方・考え方を深められるようにする。高学年以降では、我々人間の生活は自然の恩恵を受けて成り立っていることを理解し、自然と共生するあり方を探る。そ

表3-2　生物多様性や生態系を保全する意欲と態度を育む環境教育のねらい

環境教育の3要素	学年	環境教育のねらい
環境の中で・環境について・環境のために	就学時前 小学校 低学年	観察や採集的な遊びなどの感覚を活用した直接経験を通して、生物に対する豊かな感受性や興味・関心を高め、生物とかかわる楽しさ、自然の不思議さや面白さを感じとり、命あるものを大切に思う心を育む。
	小学校 中学年	生物の成長のきまりや体のつくり、生物と環境とのかかわりについて調べ、生物の多様性と共通性、生物と環境とのかかわり、生命の連続性についての見方・考え方を深められるようにする。
	小学校 高学年 以降	我々人間の生活は自然の恩恵を受けて成り立っていることを理解し、自然と共生するあり方について探る。そのうえで、生物多様性や生態系を保全するために自分たちの身近でできることを考え、実践しようとする態度を育む。

のうえで，生物多様性や生態系を保全するために自分たちの身近でできることを考え，実践しようとする態度を育む。

　もちろん，その段階は固定的なものでなく，自然の中で感受性を豊かにするという基礎的な段階ほど何度でも繰り返される必要がある。

2　身近な自然素材の教材化

　都市域においては「身近に自然がない」との評価を理由に，屋外や野外における自然観察指導が敬遠されがちである。全国でも緑被率の低い大阪市では郊外に出かけないと自然に親しめないと考える人も多い。しかし，大都市の中であっても自然のすばらしさを感じさせてくれるものはたくさんある。公園や街路樹に，校庭や家のまわりに目をやることを忘れてはならない。校庭に生えている野草，そこに飛来する昆虫などの自然素材はある。それらの中から，環境問題の解決に必要とされる生態学的な自然観を育む教材の開発と指導内容・方法の創造は可能だと考える。

　校庭などに存在する野草，昆虫，土・土壌，樹木などの教材化の視点は，次のとおりである。

⑴ 野草の教材化

　都市部では野草は「雑草」として引き抜かなければならない邪魔者として扱われることが多く，「かかわりたくないもの」として野草に嫌悪感を示す子どもも少なくない。以前より小学校1〜3年生の教科書に収録されてきたタンポポやエノコログサを採集した経験率は依然として高いものの，収録頻度の低いシロツメクサやオオバコを採集した経験率が，20年間で20％以上低下している（図2-1，p.27参照）。この要因の一つとして，長期間にわたって教科書に収録される植物教材が栽培植物を中心とするものであったことが考えられる。

　栽培植物は，人間の都合のいいように人為選択を受けている植物であり，植物としては特別であることに留意しなければならない。簡単に発芽する栽培植物の方が実験材料として使用するには便利であるが，一般にすべての植

物がそうだと考えるのは問題である。人の世話を必要として育つ栽培植物を対象とした学習に傾斜すると，植物は自分たちが世話をしなければ育たないもの，自分たちの思い通りになるものという間違った認識をさせてしまう恐れがある。

　植物は本来野外で生育しているものである。人手が介入しなくてもさまざまな環境と適応しながらたくましく生きる野草を積極的に取り入れることにより，自分たちの生活圏に豊かな生命力をもつ命の存在があることを認識し，それらを愛護しようとする意識を高めたい。そのことが，自然に親しむ豊かな心を育むことにつながると考える。校庭などに生育する野草は，次のような点で環境教育教材としての価値がある。

○自然の仕組みを学ぶ

・栽培植物と同様，芽が出て成長し，開花して種子等をつくり，子孫を残す。

・種類は異なっても，体のつくりは根，茎，葉からできているという共通点がある。

・種類によって，根，茎，葉，花の色，形，大きさなど，姿は多様である。

・種子の散布方法は多様である。

・種類によって生育環境が異なる。

・春，夏，秋，冬の季節によって生育する野草の種類は異なる。

　など

○遊びや製作活動等の材料となる

・見る，聞く，触れる，つくる，探す，育てる，遊ぶ，集めるなどの活動ができる。

・草花遊びやゲームの材料となる。

・手漉き紙等の製作活動の材料となる。

・食すことができる（カタバミ，ヨモギなど）。

　など

⑵ 土・土壌の教材化

　アスファルトやコンクリートに覆われた大都市に生活する子どもにとって，「土」は身近なものとはいえない状況となっている。そのうえ，学習指導要領における土・土壌（以下，土）の取り扱いは十分とはいえない状態が続いている。そのような中で，土に対して「汚いもの」，「なるべく触れたくないもの」という悪いイメージをもつ子どもは少なくなく，大阪市の小・中学生の土壌汚染に対する関心は他の環境問題に比べて極めて低い状態が続いていた[8]。森林保全の場，農業生産の場，建築材料や医薬品等の材料などとして我々の日常生活と密接にかかわり，地球上のすべての生物の生命維持を支える土が遠い存在となりつつあるのである。

　いまいちど，自然界で重要な位置にある土について学習する機会をつくり，土に関心をもつとともに健全な土を保全する大切さを認識できるようにする必要がある。土に関して育成したい認識としては，次のようなものがある。

- ・土は，自然を構成する環境要因の一つである。
- ・土は地学的作用に生物的作用が加わって生成され，時間とともに熟成する。
- ・土が作られるには，長い時間がかかる。
- ・土には，土壌生物が数多く生息しており，それらの働きで豊かな土が作られる。
- ・土は多くの生物を育てており，生命活動の基盤となっている。
- ・土には，浄化作用，保水性がある。
- ・土は，物質循環の要として重要な役割を担っている。
   など

⑶ 昆虫の教材化

　昆虫は，身近な存在である，手ごろなサイズである，ライフサイクルが短い，採集・飼育が比較的容易である，多様である，環境とのかかわりが大きいなど，体の構造や生きる仕組みを理解するための生物教材としての適性が高いため[9]，教科書に長年にわたって取り扱われてきた。昆虫の形や色彩，

食性やライフスタイルの多様さなどに生物の不思議さを感じ，興味をかき立てられた子どもたちも多かったことであろう。

　しかし，大阪市内の小・中学生がアゲハやトノサマバッタ，ツヅレサセコオロギを採集した経験率は，20年間で10％以上低下している（図2-1，p.27参照）。そうした現状を改善するために，昆虫への興味・関心を高め，観察を通して動物としての昆虫の生活の様子をとらえられるようにしたいものである。どんな種類の昆虫がどんな体のつくりをしているのか，どのようなところにすみ，何を食べて暮らしているのか，その昆虫を食べる動物からどのようにして身を守っているのかを調べる。その結果をもとにして，昆虫は呼吸をし，食べ物をとり，消化して不要物を排出し，他の生物の攻撃から身を守り仲間を増やすという，動物が備えている条件をすべてもっていることをとらえられるようにするのである[10]。さらに，生き抜くための戦略はそれぞれに異なっていることにも気付けるようにする。

　昆虫は，命の仕組みや生物間の多様な相互作用を学ぶのに適した「生きた教材」として大きな可能性を秘めている[11]。

⑷ プールのヤゴ（トンボ）の教材化

　自由に立ち入れる水辺の少ない大阪市では，子どもたちと水辺との距離は広がり，水辺の自然を保護する必要性に気付くことも少なくなる恐れがある。

　そこで，都市部の学校においても比較的容易に入手でき，子どもたちにとっても親しみやすく飼育可能なプールのヤゴ（トンボ）の教材化を考えたい。ヤゴ（トンボ）は，次のような点から自然の巧みさや，厳しさ，生物のしたたかさを，感動をもって学びとれる教材となると考える。

- ・プールや小さな池に産卵するトンボであれば採集しやすく，観察飼育教材としてその確保が比較的容易である。
- ・コンテナ，水槽などの小さな容器でも飼育が可能で，水の管理さえ怠らなければ飼育しやすい。
- ・幼虫から成虫への変化が著しく，不完全変態をとらえやすい。
- ・羽化は自然のきびしさと自然の仕組みのすばらしさを感じさせてくれる。

- 幼虫と成虫では，その形態，食べ物，生息場所などが異なり，生物とそれが生息する環境とのかかわりについての理解が深まる。
- 水中で繰り広げられる生物の食う食われるという関係をとらえやすい。
- 特徴的な形態は子どもにも識別が可能で，地域に点在する水辺や緑地に飛来するトンボの生態を調べることにより，学校と地域の自然環境とのつながりについて気付きやすい。

⑸「ミニ田んぼ」とその周辺環境の教材化

　農村地域の水田等は，農業生産の場である一方で，多様な生物の生息環境となることが注目され，水田内にビオトープを設置する取組が進められている。水田を中心とする環境は，耕起，代掻き，田植え，水管理，稲刈りなどの人為的撹乱によって複雑な環境を形成する，水深の浅い水田は高水温になるために水生生物の餌量となるプランクトンやベントスが豊富に発生する，田植え前後は水面が開けているがイネが生育するにつれて開水面が減少するなど，時間的・空間的に多様な生物の生息環境となり，生物にとって非常に重要な場所となるからである[12]。

　大阪市内においては，こうした生物多様性保全上，重要な役割を担っている水田は昭和60年以降急速に減少したため，子どもたちが水田の生物と直接触れ合う機会は少なくなっている。また，「バケツ稲」の実践の多くは，食料生産の場としての水田の機能に重点をおいたものとなっており，その結果，イネにかかわる生物をすべて害虫とみなし，クモ類などの益虫やユスリカなどのただの虫が互いに食物連鎖でつながっていることをとらえる機会はほとんどない。

　そこで，校内の樹木園や草地などの付近に「ミニ田んぼ」を整備し，無農薬で育つイネの成長とともに変化するイネにかかわる生物の様子や「ミニ田んぼ」やその周辺環境に生息する生物の様子を観察することによって，そこに生態系が形成されることをとらえられるようにする。また，自分たちが育てたイネから収穫した米を食すことで，我々人間は自然の恩恵を受けて生活している事実に改めて気付けるようにする。

⑹ 校庭等の樹木の教材化

　世界の陸地の約 30 ％，日本の国土の約 70 ％を占める森林は，森林生態系を形成し，二酸化炭素の吸収や地表の環境の安定，生物多様性の保全などに重要な機能を有している。しかしながら，他の土地への転用や自然要因によって多くの森林が消失し続けている。この現状を食い止めるためにも，森林の有する機能を子どもたちに認識できるようにし，森林保全への意識を高めることが求められる。

　森林が，心に安らぎを与え，豊かな人間性の育成や福祉と健康との基盤になっていること，災害防止，防火，騒音阻止，大気浄化など，樹木がその周辺の環境に対して防護的，保全的に働き，間接的に人間生活の健康と安全に寄与していることなどについて（表 3-3），その一端を理解できるようにしたいものである。

　小学校低学年では，まず遊びや製作活動を取り入れた樹木との直接経験を豊かにし，樹木の美しさやすばらしさを感じるなかで樹木に対する愛着の気持ちをもてるようにする。そのうえに，中・高学年においては樹木と環境とのかかわりについての理解を図り，生態系における樹木の役割について理解

表 3-3　我々が樹木から受ける恩恵

1　生物多様性保全	遺伝子保全　生物種保全　生態系保全
2　地球環境保全	地球温暖化の緩和（二酸化炭素吸収　化石燃料代替エネルギー）　地球の気候の安定
3　土砂災害防止 / 土壌保全	表面侵食防止　表層崩壊防止　その他土砂災害防止　雪崩防止　防風　防雪
4　水源涵養	洪水緩和　水資源貯留　水量調節　水質浄化
5　快適環境形成	気候緩和　大気浄化　快適生活環境形成（騒音防止　アメニティー）
6　保健・レクリエーション	療養　保養（休養 散策 森林浴）　行楽　スポーツ
7　文　化	景観・風致　学習・教育（生産・労働体験の場　自然認識・自然とのふれあいの場）　芸術　宗教・祭礼　伝統文化　地域の多様性維持
8　物質生産	木材　食料　工業原料　工芸材料

（日本学術会議「地球環境・人間生活にかかわる農業及び森林の多面的な機能の評価について（答申）」平成 13 年 11 月より）

52

を促し，自分たちと樹木との密接な関係に気付けるようにすることが重要になる。

注

1) 国立教育政策研究所「平成 30 年度　全国学力・学習状況調査　調査結果資料」https://www.nier.go.jp/18chousakekkahoukoku/factsheet/18prefecture-City/513_osaka/index.html（2021 年 8 月 10 日参照）
2) 石原淳「イギリスの環境教育—『カリキュラム・ガイダンス・7・環境教育』分析—」『環境教育』　Vol.2，No.2，日本環境教育学会，1993，p.36.
3) 阿倍治「生涯学習としての環境教育」大来佐太郎，松前達郎監修，阿部治編集『子ども環境教育・環境教育シリーズ』，東海大学出版，1993，p.9-11.
4) 国立教育政策研究所 教育課程研究センター「環境教育 指導資料［小学校編］」https://www.nier.go.jp/kaihatsu/sidou/siryo01/kankyo02.pdf（2021 年 8 月 10 日参照）
5) 鈴木善次「小学校・中学校・高等学校理科を関連付けた環境教育」『日本科学教育学会　年会論文集』1991，p.554.
6) 庄子加奈子・長島康雄「小学校理科における生物多様性教育の位置づけ—生物の扱いに着目して—」『仙台市科学館 研究報告 第 23 号』2014，p.42.
7) HARORD HUNGERFORD R. BEN PETON & RICHAD J. WILKE: Goals for Curriculum Development in Environmental Education THE JOURNAL OF ENVIROMENT EDUCATION Vol.11，No.3，1980，pp42-47．鈴木善次「理科における環境教育のあり方—そのいくつかの視点—」『理科の教育』日本理科教育学会，Vol.39，No.457，pp.9-10.
8) 谷村載美「小・中学生の動植物に対する体験・認識及び環境意識に関する研究—1991 年，2001 年，2011 年における調査結果の比較分析—」『研究紀要　第 203 号』大阪市教育センター，2013，p.27.
9) 日本学術会議　農学委員会応用昆虫学分科会「昆虫科学の果たすべき役割とその推進の必要性」https://www.scj.go.jp/ja/info/kohyo/pdf/kohyo-21-h130-1.pdf（2021 年 8 月 10 日参照）
10) 北野日出男「動物としての『昆虫』の指導—小学校レベルを中心とした内容と方法について—」『理科の教育』Vol.40，日本理科教育学会，1991，p.11.
11) 日本学術会議　農学委員会応用昆虫学分科会　前出
12) 久米幸毅ほか「近畿大学田んぼビオトープに見られる水生生物」『近畿大学農学部紀要』41 号，2008，p 136

第 4 章

環境教育の実践

第3章で提示した「生物多様性や生態系の保全への意欲と態度を育む環境教育のねらい」をもとに，小学校低学年では環境の中で「親しむ」，中学年では環境について「知る」，高学年では環境のために「行動する」ことを重点に環境教育プログラムを開発した。それにもとづく授業は，大阪市教育センター研究協力委員（当時）の方々[1]の協力を得て実践した。本章では，その内容を紹介する。

1　小学校低学年の実践

　小学校低学年では，観察や採集的な遊びなどの感覚を活用した直接経験を通して，自然に対する豊かな感受性や興味・関心を高め，生物とかかわる楽しさ，自然の不思議さや面白さを感じとり，命あるものを大切に思う心を育むことをねらいとする。

第2学年　やそうとなかよし

(1)　単元設定のねらい

　子どもたちは，第1学年の生活科において草花遊びを経験しているものの，事前の調査では34人中17人が「草と遊んだことがない」と回答し，その理由として「したくない」（10人），「草があまりなかった」（3人），「遊び方がわからない」（3人），「つまらない」（1人）をあげている。また，野草の名前や種類による形態の違いに気付いている子も少ないことがわかった。町工場や民家が立ち並ぶ環境で生活している子どもたちにとって，野草と日常的に触れ合える機会が少なかったためと考えられる。

　そうした子どもたちの実態を踏まえて，学校敷地内にある「えのもとの森」（樹木園，$1400 m^2$）内に広がる草地部分を活用して授業を展開することにした。諸感覚をフルに活用した観る，探す，遊ぶ，つくるという活動を通して，野草への愛着の気持ちを高め，野草の外部形態の多様さにも気付けるようにしたいと考えた。

(2) 単元の目標と流れ

─── やそうとなかよし ───

（全18時間　生活＋図画工作）

　観察や遊び，製作活動を通して野草との触れ合いを深め，野草は種類によって体のつくりに特徴があることや季節によって成長の様子に違いがあることに気付くとともに，野草への親しみをもち，それらを愛護しようとする態度を育成する。

1　初夏の野草であそぼう　　　　　　　　　　　　（生活　3時間）
　・春と比べながら，初夏の野草の様子を観察する。
　・集めた野草の特徴を生かして，貼り絵をつくる。
　・野草を使った遊びを工夫し，友達と紹介し合う。

2　「草ねんど」ですきなものをつくろう　　　　（図画工作　4時間）
　・野草から取り出した繊維をこねて「草ねんど」をつくる。
　・「草ねんど」で自分の好きなものをつくって表現する。

3　秋の野草であそぼう　　　　　　　　　　　　　（生活　4時間）
　・初夏と比べながら，秋の野草の様子を観察する。
　・野草を使った遊びを工夫し，友達と紹介し合う。
　・野草の果実や種子を探し，ゲームをして楽しむ。

4　野草からつくったカルタであそぼう　　　　　（生活　6時間）
　・グループで協力して野草を集め，紙漉きを行う。
　・漉いた紙に文や絵をかいてカルタをつくり，遊ぶ。

5　活動をふりかえろう　　　　　　　　　　　　　（生活　1時間）
　・野草とかかわるなかで学んだことや成長できたことを振り返る。

(3) 授業の実際

1) 初夏の野草であそぼう

写真1　野草の特徴を生かして貼り絵を
　　　楽しむ

「春より大きくなっているか
な」,「花がさいているかな」など
と言いながら, 子どもたちは初夏
の野草の観察に「えのもとの森」
に広がる草地へと出かけた。春と
は野草の草丈や種類が異なる様子
や種子をつくって枯れた野草があ
ることを確認した後に, 自分の好
きな野草を数種類集めて貼り絵を始めた。「ギザギザの葉は, ここにはろ
う」,「丸い葉っぱは, 目にしようかな」などと, 野草の葉や茎の特徴を活
かしてロボットや動物の形に貼り合わせていく。貼り絵をしながら, 子ども
たちは野草の色, 形, 大きさの違いに気付いていった(写真1)。

　次は,「草遊び」の時間である。野草で遊んだ経験の少ない子どもの中に
は, どうしてよいのかわからず戸惑う子もいたが, 草相撲をしたり笹船をつ
くって池に浮かばせたりして楽しんでいる友達の姿を見て, 自分でも試すよ
うになっていった。それぞれに工夫して遊ぶ中で,「この草はちぎったら糸
みたいなものが出てくる。これのほうが相撲に強いねん」というA児の言
葉で, 全員が野草に繊維があることをとらえていった。

2)「草ねんど」ですきなものをつくろう

　「糸みたいなもの」がある野草から「草ねんど」ができることを授業者が
知らせると,「そんなのつくれるの?」という疑問の声と「早くつくりたい」
という声が入り混じった。「草ねんど」は, 授業者が新聞紙から紙粘土がで
きることをヒントにして考案したものである。

　まだ, どの野草を集めればいいのかわからない子や虫がいるからと触るの
を嫌がる子がいる一方で,「ほそながくさ」と名付けるT児の言葉に触発さ
れて, 多くの子が積極的に野草を採集していった。採集した野草から繊維を

取り出す作業は授業者が行い，子どもたちは繊維をこねて「草ねんど」にしていく。「ティッシュをぬらしたのに似ている」，「ふわふわしている」など，野草の繊維の感触を楽しみながら作業を進め，工作糊を入れて十分に混ぜ合わせて完成させた（写真 2）。

　次は，「草ねんど」を使った工作の時間である。いつも使っている工作用粘土とは異なる感触を楽しみながら，一人一人が自分の好きなものをつくっていった（写真 3）。一週間ほど陰干しをして出来上がった作品を見た子どもたちは，あんなに柔らかく重たかった「草ねんど」が軽く固くなったことに驚きを隠せないようだった。その後，それぞれの作品を紹介し合いながら，友達の作品のよさにも気付いていった。

写真 2　「草ねんど」の材料の感触を
　　　　楽しむ

写真 3　「草ねんど」で好きなものを表現
　　　　する

3）秋の野草であそぼう

　初夏には見当たらなかった野草に果実がいっぱいついている様子を見つけ，「草の実探し」が始まった。ヌスビトハギ，イノコズチ，オヒシバ，メヒシバ，エノコログサ，イヌタデなどの野草を集め，果実を採取して各自で遊びを考えていく。「くっつけ鬼ごっこ」や「アクセサリーづくり」など，初夏に比べて多様な遊び方をしている子どもが増えた。

　次に，採取した野草を押し葉にして実物図鑑をつくった。画用紙の左半分に押し葉にした野草を貼り，右半分には遊び方や自分で付けた名前などを書き入れ，自分なりの表現方法でまとめていく。「せんぷうき草（カヤツリグサ）」，「こしょこしょ草（エノコログサ）」など，自分なりの名前を付ける子

どもが大半であるが，図鑑で野草の和名を調べる子も認められた。

4）野草からつくったカルタであそぼう

　授業者が「草ねんど」のできる野草であれば紙がつくれることを知らせると，子どもたちは自分たちでつくった紙でカルタ遊びをしたいと要望した。さっそく，繊維が長そうだと思うカヤツリグサやエノコログサなどの野草をグループで協力して集めていった。野草から繊維を取り出す作業は授業者が行った後に子どもたちで紙漉きを行った。難しい作業では，教え合い助け合いながら作業を進める姿がみられた（写真4）。

　できあがった紙を手にした子どもたちは，普段よく手にする紙に比べてつるつるした面とざらざらした面の違いが大きいことに驚いていた。つるつるした面に絵や文をかいてカルタを完成させ，簡単なルールを話し合った後にグループに分かれてカルタとりをして楽しんだ（写真5）。

写真4　協力して紙を
　　　　つくる

写真5　手づくりのカルタで遊ぶ

5）活動をふりかえろう

　遊びや製作活動をした楽しさだけでなく，さまざまな野草に実際に触れることができた喜び，野草について多くの発見ができたことなどについて話し合った。その後，一人一人がつくった野草の「実物図鑑」を一冊にまとめ，活動の締めくくりとした。

⑷ 実践を終えて

　事後では，野草が「すき」と全員が回答した。その理由として，「草でいっぱい遊んだりつくったりできる」，「いろいろな形の草があっておもしろい」など，野草と触れ合う楽しさを感じたり，野草の特徴に面白さを見出したりした内容が大半を占めた。なかには，「最初，ぼくは虫しかすきではありませんでした。だけど，今は虫と草が大好きです。いつか動物や海などの生き物も好きになるかもしれません」と，野草だけでなく他の生物への興味・関心の広がりが認められるものもあった。知っている野草の名前の数も大幅に増え，事前では1種類しか記述できない子が34人中25人いたが，事後には2種類以上の名前を記述する子が22人に増えた。野草にはそれぞれに特徴があり名前があることを認識できたようである。

　地面を表す線のみを示し，そこに自由に野草の絵をかくよう求めた結果，事前では「わからない」と記述した子が34人中8人，絵に表す部位として「葉のみ」（9人）が最も多く，次に「根，茎，葉」（7人），「根，葉」（6人）と続いた。それらに対して事後には，「わからない」は0となり，「根，茎，葉」（16人），「根，葉」（11人），「葉のみ」（6人）と続いた（表4-1）。なかでも，N児のように，事前では一塊になった葉とその下に根が広がる図をかいていた7人は，事後では「根・茎・葉」の部位がかけるようになっていた（図4-1）。表現能力の向上という面を考慮しなければならないが，野草の外部形態を的確に表現できるようになったといえる。

表4-1　絵に表した野草の部位

野草の部位	事前	事後
根，茎，葉	7	16
根，葉	6	11
茎，葉	0	1
根，茎	3	0
茎，根	1	0
葉のみ	9	6
「わからない」	8	0

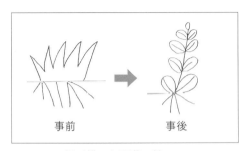

図4-1　N児が描いた野草の絵

(1)　単元設定のねらい

　子どもたちは，生活科の単元「砂や土とともだち」の学習の中で，学習園や運動場，裏庭，砂山の土の感触，色，におい，音などの違いを調べ，それらの特徴を生かしながら土だんご，池，川などを工夫してつくってきた。しかし，事前では，26人中15人が「土はきたない」とし，11人が「土にさわりたくない」と回答した。18人が土の中の生物を探した経験があるとしているものの，「土」ということばから思い浮かぶ事柄として生物に関する記述をしたのは1人にすぎなかった。

　そこで，まず，諸感覚を活用して場所による土の違いを調べる活動から学習を始める。そのうえで，落ち葉が長年に渡って堆積してできた有機物を多く含む黒褐色の土を題材に，土の中には生命をもつ生物が存在することに気付けるようにする。さらに，それらと触れ合う活動を通して，土や土壌生物を愛護しようとする意欲を高めたいと考えた。

(2)　単元の目標と流れ

─── **土の中のたからもの** ───

（全9時間　生活＋図画工作）

　観察や飼育・栽培活動，遊びを通して土や土の中の生物との触れ合いを深め，土は場所によって特徴が異なり，含まれる生物の様子も異なることをとらえられるようにする。また，土や土の中の生物を愛護しようとする態度を育成する。

1　場所による土の違いを調べよう　　　　　　　　　（生活　2時間）
　・校庭の砂や土の感触，色，におい，音などを調べた経験を想起し，
　　その結果を発表し合う。

・3つの箱の中に隠された砂場，運動場，裏庭の土を手で触り，違いを見つける。

2　裏庭にある黒っぽい土の中には，どのような「たからもの」があるのか調べよう　　　　　　　　　　　　　　　　（生活　2時間）

・黒っぽい土の中の「たからもの」を探し，図や文で記録する。

・容器に土と水を入れて攪拌し，1〜2日静置した後の様子を調べ，見つけたことを記録する。

3　「土や土の中の生きものとしてみたいこと大さくせん」をしよう　　　　　　　　　　　　　　　　　　　　　　　（生活　4時間）

・土や土の中の生物と触れ合う方法を考え，活動計画を立てる。

・グループを編成し，考えた方法で土や土の中の生物と触れ合い，気付いたことを発表し合う。

4　とり出したねん土で絵をかこう　　　　　　　（図画工作　1時間）

・容器に土と水を入れて攪拌して静置した後，堆積した土の上層に粘土があることを確認し，その粘土を利用して手の指で絵を描く。

・作品を紹介し合う。

(3)　授業の実際

1）場所による土の違いを調べよう

「砂や土とどんな遊びをしたか思い出してみましょう」という授業者の投げかけに，「砂場で山をつくってトンネルをほった」，「迷路をつくって遊んだ」，「お団子づくりをした」などと発表しながら，一学期に砂や土と触れ合った楽しい活動の内容を思い起こしていく子どもたち。「砂と土ではどんなところが違っていたかな」の発問に対して「砂はサラサラしてたけど，土はベチャベチャしていた」など，感覚を通して見つけた砂と土の違いについて表4-2のように話し合った。

活発に話し合いができたことに対して授業者は「みんなは，砂と土の名人になっているね」と賞賛した後に，「次は，手触りだけで砂か土かを調べてもらいます。一つめは裏庭のメタセコイヤの下の土。あとはみんなが知って

表 4-2　感覚を通して見つけた砂と土との違い（発表内容）

T　：どんなところが砂と土で違っていたか，思い出したかな？

〈感触〉
C1：砂はサラサラしていたけど，土はベチャベチャしていた。
C2：砂は冷たいけど，土はあったかい。
C3：砂はふわっとしていて，土はなんかべとっとしていた。
C4：砂には石がたくさんあった。土には石が少ない。

〈色〉
C5：なんか，色が全然違う。白
　　と黒。砂は白で土は黒。
C6：土は焦げ茶。砂は薄い茶色。
C7：砂は，手を見たらキラキラ
　　みたいなのがついていた。
C8：土は，ちょっと焦げ茶色に
　　キラキラがあった。

〈音〉
C9：穴を掘って水を入れたら
　　シュワシュワなっていた。
C10：耳で聞いたら，砂はサーと音がするけど，土はべとべとしている。
C11：耳で聞くと，土は冷たく感じてシューと，砂はヒューとしている。砂はサ
　　ラサラやからすーっと飛んでいく感じがした。

〈におい〉
C12：砂はにおいがしないけど，土はにおいがする。
C13：砂の方が，においがうすい。土の方が，においが濃い。
C14：砂は何も別ににおいがしないけど，土はくさい感じ。

　＊ 表内の T は授業者，C は子どもを示す。

いる砂場の砂とお山の土を用意しました。触るだけで裏庭の土がどの箱に
入っているかあてて欲しいのです」と課題を与え，3 つの箱を提示した。
　子どもたちは，一人ずつ順番に箱に手を入れて，「どれがどれか全部わ
かった」，「簡単や！　全然違うもん」とつぶやきながら感触の違いを調べて
いく。「しめっていて，冷たかったし，固まりがあったから」を理由に，全
員が 3 番目の箱に裏庭の土が入っていることを探しあてた。

2）裏庭にある黒っぽい土の中には，どのような「たからもの」があるのか 調べよう

　裏庭の土が砂場の砂や土とは違う感触であることを確かめた子どもたちは，「他にどんな違いがあるのか早く確かめたい」と言い出した。

　いよいよ，土の中の「たからもの」探しが始まる。授業者は，虫に対して嫌悪感をもつ子どもがいる実態を考慮して，土壌動物への抵抗感をもたせないよう，「先生は裏庭の土の中に，たからものを見つけました。みんなにもたくさん見つけて欲しいと思います」と投げかけ，裏庭から採取した土を披露した。子どもたちが感覚を通して十分に土とかかわれるよう，ムカデをあらかじめ取り除いた土を準備した。

　子どもたちは，砂とは違ったにおいのする黒褐色の土の中にどんな「たからもの」が入っているのか，虫眼鏡を片手に探し始めた。「わあー，ダンゴムシや」，「ミミズを見つけた」，「ありが３匹」，「木の実があった」などと声を出しながら夢中で「たからもの」を探し，裏庭の土の中にさまざまな生物が含まれていることを見つけていった。団粒の存在にも気付き，指でつぶすと粉々になる様子を楽しみながら，黒褐色をした裏庭の土には他の場所にはない「たからもの」がたくさん含まれていることを確かめた（写真6）。その内容をワークシートに記録し，発表し合った。実際に裏庭にも出かけ，落ち葉が堆積した下の土の中に大きなミミズやアリ，ダンゴムシなどの生物がいることを確かめた。

写真6　土の中の「たからもの」を探す様子とその結果

表 4-3　見つけた土の中の「たからもの」

	記述内容
植物	・葉っぱ，もやしみたいな葉っぱ。 ・緑の草。 ・根っこがあった。 ・種から根っこがでているもの。 ・木くずがいっぱいあった。
動物	・アリ，大きなアリ。 ・カメムシ。 ・ハサミムシ。 ・カタツムリの殻。 ・ダンゴムシとその赤ちゃん。 ・シャクトリムシの幼虫。 ・ミミズが土まみれでいた。 ・小さな貝殻があった。 ・小さなムカデがいた。
石や粘土	・土のかたまりがいっぱいあった。 ・石ころみたいのがあった。 ・黄色い石。 ・白い石。 ・真っ黒な宝石みたいな石。 ・きらきらした砂。 ・ペットボトルの上の方にぬるぬるした泥がたまっていた。

次に，容器に土と水を入れて攪拌し，1〜2日静置した後に，他にどんな物が含まれているのか，また，どのように変化したのか観察し，見つけたことをワークシートに書き足していった。そこには，アリ，ハサミムシ，ミミズなどの動物，植物の葉や根，木くず，「宝石みたいにキラキラした石」など，多くの「たからもの」が示されている（表4-3，図4-2）。

子どもたちは，「本当にありました。もやしみたいな草や宝石みたいな石やいろいろな石，アリやカメムシ，ダンゴムシなどの草や虫たちがいっぱいいっぱいありました」と土の中にたくさんの「たからもの」が

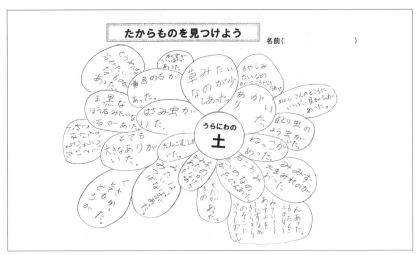

図 4-2　見つけた土の中の「たからもの」（ワークシートの例）

表 4-4　学習後の感想

> ○ この勉強を始めたときは,「本当にたからものは, あるの?」と思っていましたが, 本当にありました。もやしみたいな草や宝石みたいな石やいろいろな石, 草や虫たちがいっぱい, いっぱいありました。
> ○ 裏庭の土の観察をしました。いっぱい虫とか, 草とか, 木とか, 土のかたまりがたくさんあって, 観察できて嬉しかったです。
> ○ 茶色の赤ちゃんのハサミムシがでてきました。次にちっちゃなへんてこな虫がでてきました。またでてくると思って綿棒で土の中を探ったら, こんどはミミズがでてきました。たくさん「たからもの」がみつかりました。

含まれていることに驚き,「観察できてうれしかったです」とそれらを見つけられたことに喜びを感じているようだった (表 4-4)。

3)「土や土の中の生き物としてみたいこと大さくせん」をしよう

① 土や土の中の生き物としてみたいことを考え, 計画を立てる

土の中には土壌動物や植物の種子などの「たからもの」がたくさん含まれていることを知った子どもたちは, それらともっとかかわりたいと要望するようになった。「裏庭に行って幼虫を見つけて育ててみたい」,「土の中にあったたねを育ててみたい」などである。生物に触ることに抵抗のある子は,「裏庭の土で団子づくりをしたい」と考えていた (表 4-5)。

こうした子どもたちの要望を取り入れて, 授業者は「土や土の中の生き物としてみたいこと大さくせん」の学習へとつなげていった。まず, 一人一人がどのような活動をしたいか考え, 図と文で表現する。その後, 同じような考えをもつ者同士でグループを編成して,「してみたいこと」,「ざいりょう」,「やり方」について話し合い, 活動内容を決めていった。

② 計画にしたがって活動を進める

子どもたちは, 自分たちが考えた方法で生物の観察や飼育・栽培活動など

表 4-5　「土や土の中の生き物としてみたいこと」の内容

対象	記述内容 (記述数)
土の中の生物	・ダンゴムシを育てる。(5) ・アリを育てる。(3) ・幼虫を探して育てる。(7) ・虫や種子を見つけるために土を深く掘る。(2) ・土の中で見つけた種子を育てる。(2)
土	・裏庭と砂場と「お山」の土を固め, 固まり方の違いを比べる。(4) ・裏庭の土で団子をつくる。(3)

の準備をするために裏庭に出かけ、友達と協力しあって活動を進めた。

　落ち葉が堆積している場所からダンゴムシを見つける子、土の中にどんな種子が埋まっているか探し出そうとする子、アリや幼虫を探すのに夢中になっている子など、全員が意欲的に取り組んだ（写真7）。

　活動の中で約15 cmのミミズが土の中から現れたのをみて、「ミミズは土をよくするためにおるんやで」、「へえーそうなん。ミミズってすごいなあ」

虫を育ててその様子を観察する　　　　土を深く掘って中の様子を調べる

土で団子をつくる

場所による土の違いを調べる

裏庭の土で植物を育てる

写真7　「土や土の中の生き物としてみたいこと大さくせん」の様子

と教え合いながら，裏庭の土の豊かさを改めて感じとっていた。

　③ 土や土の中の生き物と触れ合った結果を発表し合う

　生物の飼育・栽培などを続け，土や土の中の生物とのかかわりを深めていった結果を発表し，情報を共有した。各グループの発表後は，わかったことやもっと知りたいこと，友達のいいところについて意見交流をした。

　ダンゴムシを飼育したU児は数匹のダンゴムシにリレーをさせ，どれが一番速いか競争させたり，自作の迷路に入れてどのように進むか調べたりした結果を，幼虫を育てたH児はどのような成虫に成長するのか楽しみに飼育した時の様子を，アリを飼育したM児はアリのすばしっこさやアリが好むエサについて，裏庭の土を利用して植物を育てたり土の中から見つけた種子を育てたりしているT児は，芽が出てくるのを楽しみにして声をかけながら世話をしている様子を発表した。発表を聞いた子どもたちは，なぜ，その生物を選んだのか，これからどのようにかかわろうとするのかなどの質問を投げかけていった。表4-6は，その様子である。

　発表会の後，冬季休業中も飼育・栽培を継続していくことにした。ペットボトルに土を入れて何が育つかを継続観察していた子らは，翌年の4月になってから芽がでてくるのを確認した。自分が植えたスウィートピーの芽が出てきたのを見つけたT児は「花が大きくなったら，知らなかったことをいっぱい知りたい」とこれからも継続して観察する意欲を示した。当初は何も植えなかった土からホトケノザの芽が出て育つ様子を観察できたE児は，「まってもまっても芽がぜんぜん出てこないので心配したけど，やっと出てきたので嬉しいなあと思いました。でも，何も植えなかったのになんでかと思いました」と可愛い花を観察できたことに満足感を得るとともに自然の不

表4-6　発表会での意見交流

C1：なぜ，ダンゴムシを育てようと思ったのですか？ C2：手にのせたとき，足がこそばかったし，丸くなるので，かわいいなあと思ったからです。 C3：ほかに，かわいいなあと思ったところはありますか。 C2：食べているところがかわいいです。葉っぱをちょっぴりちょっぴり食べています。 C4：ダンゴムシの迷路をつくって，どう動くのかをみたのがおもしろいと思いました。ダンゴムシのことがよくわかりました。

写真8　裏庭の土から育っ
　　　たホトケノザ

思議さと巧みさを感じとっていた（写真8）。

4）とり出したねん土で絵をかこう

　容器に土と水を入れて攪拌し，1～2日静置し続けると，土，砂，粘土の層を区別できる状態になる。その最も上層にある粘土を取り出し，指に付けて自分の好きな絵を描いて楽しんだ。粘土のぬるぬるした感触に「気持ちいいなあ」，「すべるすべる」と言いながら，恐竜やゾウなどの絵を自由に表現して楽しんだ。友達どうしで作品を見せ合い，お互いのよさもとらえていった（写真9）。

写真9　裏庭の土から取り出した粘土で描いた絵

⑷　実践を終えて

　子どもたちは，土や土の中の生物と積極的にかかわる中でそれらに対する愛着の気持ちや見方・考え方を深めていった（表4-7）。

　たとえば，U児は，飼育活動を通してダンゴムシのオスとメスの違いや好む食べ物が認識できるようになった。また，「ダンゴムシのめいろ」の遊びを通して，障害物を避けるために触覚を常に動かしながら行動し，触覚の触れた方に右，左と方向を変えながら移動するダンゴムシの生態をとらえるようにもなっている。M児は，アリが巣づくりしている様子を観察して「がんばりやさん」のアリには「まけられないなあ」と評価を与え，そのアリが

表4-7　土の中の生物とのかかわり（ワークシートの記述内容より）

活動内容	主な記述内容
U児 ダンゴムシを 育てる	・ダンゴムシの赤ちゃんはとてもかわいいです。生まれたばかりでかわいいです。 ・ダンゴムシがたべるえさは，にぼし，くだもの，おちばです。にぼしをいちばんたべると思います。おちばはふにゃふにゃになっていました。 ・ダンゴムシをよくみると，しょっかくを回してあるいているのがわかります。たまに，しょっかくを右と左にやることがあります。
M児 アリを育てる	・アリはとっととすをつくっていました。それを見て，ぼくは，「アリはすごくがんばりやさんなんだなあ。アリにまけられないなあ」と思いました。 ・アリのエサは，虫のしがい，さとう，にぼし，かつおぶしです。そのエサでわなをつくり，うらにわにしかけました。大きなアリがすからでてきたので，びっくりしました。いえでもアリをかってみたいと思います。
H児 幼虫を育てる	・よう虫をさがしているとき，ミミズなどいろいろな虫がでてきました。いまそだてているよう虫はとても元気です。土をかえているとき，土が茶色から黒色の土にかわりました。 ・何のよう虫か知りたいです。またいっぱいよう虫をさがしてそだてたいです。
T児 たねを育てる	・たねをうえたとき，ほんとうにのびてくるのかなあと思ったけど，元気にそだってきているので，そだたないはずがないと思いました。また，ちがうみやたねがどんどんのびてきて，元気にそだっていったらいいなあと思います。そだてたのは，「のうみそ」というあだ名のたねとゴマとダイコンのたねです。

ミミズを好むか調べるなど，アリへの愛着を深めていった。H児は，ハナムグリの幼虫が土を黒色に変えるほど糞をしている様子を観察し，元気に育って欲しいと願う気持ちを強めていった。裏庭の土が植物を育てるのに適していると考えたT児は，土の中で見つけた植物だけでなくゴマやダイコンの種子を育てるようになった。

　図4-3は，「土」から思い浮かぶことがらを3つ記述するよう求めた結果を事前と学習終了後2か月を経た時点とで比較したものである。事前では「感触」や「冷温感」といった土を触ったときの印象に関する語句が全体の半数を占めており，生物に関する記述は1つであったのに対して，2か月後には14に増えている。また，「大切なもの」，「土がなければ生きられない」

などの「価値観」に関する記述が認められる。

　学習終了後2か月を経た時点でも，生物の存在が子どもたちの記憶に残っていることは，「あなたが見つけた『土の中のたからもの』は何ですか」と問いかけた結果にも表れている（図4-4）。

　全員が2種類以上の生物名を記述し，なかには7種類の生物名（ミミズ，ムカデ，ダンゴムシ，アリ，カタツムリ，ハサミムシ，幼虫）を記述した子もいた。さらに，「土がなくなったら，わたしのくらしは」に続く言葉にも，「土の中で生きる虫たちが生きられない。木とか花とかが生きられなくなるから悲しい」というように，土の中の生物に関する記述が認められた（表4-8）。

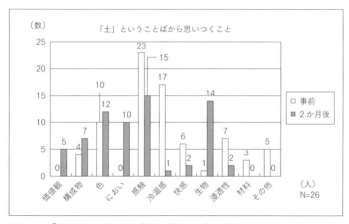

図4-3　「土」ということばから思いつくこと

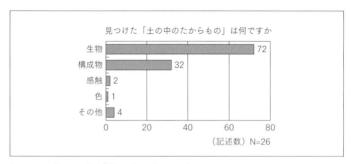

図4-4　見つけた「土の中のたからもの」

表4-8 「土がなくなったら，わたしのくらしは」に続く言葉の例

・土の中で生きる虫たちが生きられない。木とか花とかが生きられなくなるから悲しい。
・虫たちが生きられなくなるから，悲しい。
・ぼくたちも生きていられなくなってしまいます。
・悲しいです。野菜や米が育てられなくなって，花も育てられない。

　土の中の生物の存在が長期記憶に残っているのは，観察や飼育・栽培活動，遊びといった生物との直接経験を十分にできる場を保障したためと考えられる。子どもたちが土の中の生物を観察したり，触ったり，臭いをかいだりした経験が，心を揺さぶられた出来事として記憶にとどめられたからだと考えられる。

　その結果，事後では全員が「土と遊ぶのはすき」（「とても好き」19人＋「好き」7人）と回答し（図4-5），「土にさわりたい」とする子どもも事前の15人から24人に増加している（図4-6）。

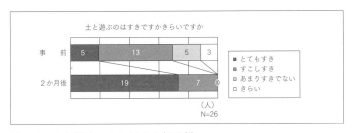

図4-5　土と遊ぶことに対する好き嫌い

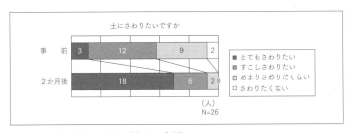

図4-6　土に触ることに対する意識

2 小学校中学年の実践

　小学校中学年では，生物の成長のきまりや体のつくり，生物と環境とのかかわりについて調べる活動を通して，生物の多様性と共通性，生物と環境とのかかわり，生命の連続性についての見方・考え方を深められるようにすることをねらいとする。

第3学年　いろいろなこん虫のくらし

(1)　単元設定のねらい

　事前の調査では30人中14人が昆虫を採集した経験がなく，20人が飼育した経験がないと回答している。昆虫に対して「好き」と回答する子は14人，「どちらともいえない」が8人，「嫌い」が8人と，肯定的な反応が多いとはいえない状況を示した。「嫌い」の理由としては「気持ち悪い」が大半を占めた。大阪市内中心部に位置する学校の周辺は，マンションや住宅が密集しているために自然環境は少なく，学校敷地内に確保されていた草地なども校舎の新設工事によりその面積が激減したため，子どもたちが日常的に昆虫と触れ合う機会が少なかったことが要因の一つと考えられる。

　そこで，まず，学校内だけでなく学校に隣接する児童公園にも出かけて昆虫の採集活動の楽しさを味わえるようにする。次に，観察や飼育活動を通して昆虫の生活の様子を知り，そのうえで昆虫が他の生物や環境とかかわりながら生命を連続させていることに気付けるようにしたいと考えた。

(2)　単元の目標と流れ

───── いろいろなこん虫のくらし ─────

(全7時間　理科＋総合的な学習の時間)

　昆虫の活動の様子や周辺の環境，成長の過程や体のつくりに着目して

観察，飼育する活動を通して，昆虫の育ち方には一定の順序があること，また，成虫の体は，頭，胸及び腹からできていること，さらに，種類によって昆虫の体の特徴は異なり，その昆虫の生活に合うようになっていることを理解できるようにする。加えて，昆虫は他の生物や周辺の環境とつながりあって生活し，うまくすみ分けていることを理解できるようにする。それらの認識をもとにして昆虫を自分と同じ命あるものとしてとらえ，愛護しようとする態度を育成する。

1　こん虫は，どんな所で，何をしているのだろうか，また，体のつくりはどのようになっているのだろうか　　　　　　（理科　2時間）
・単元「チョウを育てよう」の学習を想起し，動物である昆虫はどんなことをしながら生きているのか考え，観察の観点について話し合う。
・観察場所を分担して，昆虫の生活の様子を観察し，記録する。
2　こん虫の体のつくりや行動の仕方の特徴は，すみかや食べ物とかかわりがあるのだろうか　　　　　　　　　　（理科　2時間）
・観察結果をもとに，昆虫の体のつくりや活動の様子について共通点や差異点を見つける。
・種類によって昆虫の体のつくりや生活の仕方に特徴があるのはどうしてか，住処や食べ物とのかかわりから考え，話し合う。
3　他のこん虫もチョウと同じ育ち方をするのだろうか　　（理科　1時間）
・観察や飼育活動，資料収集を通して，いくつかの昆虫の育ち方をチョウと比較し，共通点や差異点を調べる。
4　「こん虫図かん」をつくろう　　　　（総合的な学習の時間　2時間）
・タブレット端末を活用して，調べたことを図や文などで表現した「こん虫図かん」を作成し，発表し合う。

(3) 授業の実際

1) こん虫は，どんな所で，何をしているのだろうか。また，体のつくりはどのようになっているのだろうか

　子どもたちは，チョウの学習を想起しながら，体のつくりだけでなく，どんなところにすんでいるのか，何をしているのか，何を食べているのかなど，昆虫の生活の様子を調べる必要性を話し合い，観察の観点を明確にして校庭と学校に隣接する公園に出かけた。

　専門家[2]から捕虫網の使い方を教わった後に，担当する観察場所の草地や樹木の植栽空間に入っていった。草を掻き分けて虫を探す子，ヤマトシジミ，シオカラトンボなどを捕虫網で追いかけ捕まえようとする子，葉っぱの裏などを覗き込んで昆虫を探す子，コオロギを捕まえようと鳴き声のする方にそっと近づいていく子などの姿が見られた（写真10）。

　自分では同定が難しい昆虫については専門家に同定してもらい，意欲的に生物の観察や採集を続けた。授業前には昆虫に対する嫌悪感を示していた子が，オオシオカラトンボを採集しようと友達と一緒になって追いかける姿もみられた。ミカンの葉にアゲハの卵や幼虫を見つけた子は，葉ごと採取し，教室で飼育することにした。その他にもいろいろな昆虫を見つけ，生活の様子を観察したり採集したりした（表4-9）。

　その後も校庭や公園での観察を続け，記録した内容をまとめ

写真10　専門家に昆虫の同定の仕方を教わる

表4-9　学校内や公園で観察，採集した昆虫

・オオシオカラトンボ	・シオカラトンボ
・ウスバキトンボ	・アゲハ
・アオスジアゲハ	・ヤマトシジミ
・モンシロチョウ	・ツマグロヒョウモン
・ショウリョウバッタ	・オンブバッタ
・コマツモムシ	・ナナホシテントウ
・ハサミムシ	・クマゼミの抜け殻
・シロテンハナムグリ	・クマバチ
・アシナガバチ	・メイガの仲間
・エンマコオロギ	・ハラナガツチバチ
・ヒトスジシマカ	・ニクバエ
など	

るによって，昆虫には色，形，大きさなどの違いがあるものの，その体のつくりには共通点があることに気付き出した。また，「アゲハがミカンの

食う食われるという関係
・トノサマバッタがもっさもっさと新鮮な草を食べている。
・コアオハナムグリは，花の中で花粉を食べている。
・アゲハが花の蜜をすっている。
・ツマグロヒョウモンは，黄色い花の蜜を吸っている。
・アリが，木のそばでえさを運んでいる。

生息環境
・アオスジアゲハがクスノキの葉にとまろうとしている。
・カマキリは，畑の草むらで見つからないように逃げている。草のうらにいた。
・キリギリスの仲間は，草むらを飛びまわっている。
・トンボが池の上でぐるぐる回っている。

体のつくり，動きの特徴
・バッタは，後ろ足が太い。触覚をこすっている（たたいている）ようにみえる。
・ショウリョウバッタは，逃げようとぴょんぴょんはねている。
・キリギリスはすばやい。触覚が長いが，足は短い。
・カマキリは口でかまをそうじしている。

図4-7　昆虫の観察記録の内容

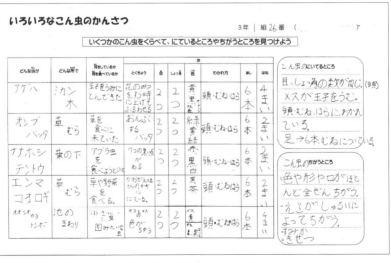

図4-8　観察記録から昆虫の共通点と差異点を見つける

木に卵を産みに飛んで来た」，「ショウリョウバッタが草を食べていた」，「コアオハナムグリが花粉を食べていた」，「ヤマトシジミがカタバミの葉の上で休んでいた」などと記述し，食べ物や生息環境を通して昆虫と植物がかかわっていることにも気付いていった（図4-7，図4-8）。

2）こん虫の体のつくりや行動の仕方の特徴は，すみかや食べ物とかかわりがあるのだろうか

　子どもたちは観察記録を整理しなおし，昆虫の体のつくりの共通点を見出した後，「エンマコオロギは草や木の茂みにいると目立たない」，「カマキリはかまのような前足」，「アゲハは花の蜜を吸うときは翅をあげてふるわせる」などのように，昆虫の種類によって体の大きさ，食べ物，口の形，住処，確認できる季節，行動の仕方などが異なることに気付き，その理由として住処や食べ物がかかわっていそうだと考えるようになった。

　そこで，授業者は，「昆虫によって特徴がいろいろあることがわかりました。じゃ，なぜ，昆虫の種類によって体の特徴や行動の仕方に違いがあるのか考えてみましょう。まずは自分の考えをワークシートに記入してからグループで話し合いましょう」と投げかけた。

　「全部同じ虫やったら，全部食べるものも同じやし，場所も一緒になって絶滅するやん」と食べ物に着目して話し合う班や「こん虫それぞれに敵が違うから，どんどん食べられんように食べられんように，みんなの虫がどんどん違うようになったと思う」と敵から身を守る防護手段に着目して話し合う班などがあった。表4-10はその一例である。その後，全体で意見交流し，昆虫の体のつくりや行動の仕方に違いがあるのは，その昆虫が生きていくのに都合よくなっているためであることをとらえていった。

　こうした話し合いの後，授業者が電子黒板に映し出すさまざまな昆虫の口の形や擬態の様子を視聴し，昆虫の体のつくりの特徴と生活とのかかわりについて理解を深めていった。

3）他のこん虫もチョウと同じ育ち方をするのだろうか

　自分たちで昆虫を飼育した結果や資料収集を通して，いくつかの昆虫の育

表 4-10　話し合いの場面

> C1：全部同じ虫やったら，全部食べるものも同じやし，場所も一緒になって絶滅するやん。
> C2：食べるものがなくなってしまう。
> C3：あー，そうや。
> C1：まとめよう。食べ物が同じだったら，食べ物がなくなってしまうから。
> C2：たとえばアリが大量発生したら，アリの住処ばっかりになる。
> C3：全部同じ虫やったら，同じ季節に出てくる。
> C4：あー言われた。
> C1：季節ごとにどれかの虫が大量発生したら困るから，食べ物が奪われるし住処もなくなる。
> C2：体の特徴と一緒で，体の大きさとか形とか違う方がいい。
> C3：チョウだけが何でストローなんか？
> C4：花の奥の方の蜜をすうためやん。
> C1：他の虫は別の口をしてるやん。
> C3：色が違うのは？
> C4：すむところが違うから色が違う。
> C1：敵から身を守るため。敵にばれないようにするためとちゃうん。だって，敵に食べられたらおしまいやん。子孫を残されへんもん。

ち方をチョウと比較し，昆虫の中にはチョウと同じように完全変態で育つものやトンボのように不完全変態で育つものがあることをとらえていった。昆虫によって生き抜いていく戦略の違いをまた一つ学んだ。

4)「こん虫図かん」をつくろう

　昆虫の観察記録をもとに，タブレット端末を活用して「こん虫図かん」を作成し，発表し合った（図4-9）。生息環境別に昆虫をまとめて提示するようにしたことで，昆虫が草地や水辺，樹木などの環境ごとに，うまく棲み分けて生活していることをとらえていき，「昆虫は，工夫して生きているなあ」との感想が聞こえた。

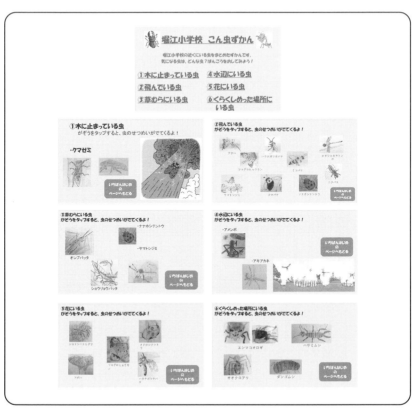

図 4-9　タブレット端末を活用して作成した「こん虫図かん」の例

⑷　実践を終えて

　昆虫の採集経験者は事前の 14 人から事後では 23 人に，飼育経験者は 11 人から 28 人に増加した。また，事前では 8 人が「気持ち悪くて怖いから」などを理由に昆虫に対する嫌悪感を示していたが，事後には 2 人に減少した。「理科でいっぱいつかまえたから」，「さわるとちょっと好きになった」など，触れ合う経験が増えたことや「こん虫は，生きていくために頑張っているから」と命あるものへの愛着の気持ちを高めたことを意識の変化の理由にあげている。

「こん虫について『なるほど！』『すごい！』と思ったことは」と尋ねた結果，「それぞれのこん虫に合った体になっているところがすごい。こん虫にはそのこん虫だけの特徴がある」というように多様性をとらえた内容や「草や木がないとこん虫は生きていけない」というように関係性をとらえた内容が記述されている（表4-11）。

「こん虫について伝えたいこと」を自由記述式で尋ねた結果，昆虫の多様性と関係性に関する記述が30人中18人と最も多く，次に，昆虫にかかわる大切さが7人，体のつくりが5人と続いた。「こん虫は，生きるためにいろいろなそれぞれに違う体をしているんだ。なぜだと思いますか？　調べてみてください。おもしろいですよ」のように，生態観察などを通して昆虫の多様性に気付くとともに，その生命の大切さをとらえていることがわかる（表4-12）。

表4-11　こん虫について　「なるほど！」「すごい！」と思ったことの記述例

・それぞれのこん虫に合った体になっているところがすごい。カマキリの目がとても大きく，身のまわりの虫とかを見つけやすくなっている。
・それぞれにすみかや食べ物が違う。
・獲物を見つけたらすぐに向かって食べるところ。
・草や木がないとこん虫は生きていけない。
・自分のすむ場所を自分の色に似ている所にするのが，脳みそがあると思う。
・こん虫にはそのこん虫だけの特徴がある。

表4-12　こん虫について伝えたいことの記述例

内容	記述数	記述例
多様性 関係性	18	・こん虫は，生きるためにいろいろなそれぞれに違う体をしているんだ。なぜだと思いますか？　調べてみてください。おもしろいですよ。 ・アリなどの他にも覚えきれないほどたくさんの種類がある。食べるものも違って，でてくるときも違うことを教えてあげたい。
かかわる 大切さ	7	・虫は気持ち悪くないということです。私も虫が嫌いでしたが，だんだん慣れてくるとおもしろいし，自分がもし「キャー気持ち悪い」とか言われると嫌だからです。ぜひ虫の勉強をしてみてください。
体の つくり	5	・こん虫の体は，頭，腹，胸に分かれていて，あしが6本あること。

(1)　単元設定のねらい

　子どもたちは，第3学年の理科の学習を通して昆虫に対する興味・関心を高めており，昆虫が「好き」とする子は31人中27人と多い。水生昆虫については，見た経験があると回答したのは，アメンボが30人と多いものの，ミズスマシ（10人），ゲンゴロウ（9人），マツモムシ（6人），ヤゴ（5人）は半数に満たない。ヤゴを実際に触った経験があるのは2人と少なく，いずれも他の地域での経験であった。校区内や学校敷地内に子どもたちが自由に立ち入れる水辺環境がないためと考えられる。

　そこで，まず，学校のプールに生息する水生生物の様子を調べる。次に，教室で飼育しながらヤゴの生態を観察，記録する活動を通してヤゴへの愛着の気持ちを高め，ヤゴが安心して生活できる環境を創出しようという意欲を喚起する。さらに，自分たちでつくった「トンボ池」で繰り広げられる食う食われるという関係をとらえたり，学校や地域におけるヤゴ（トンボ）の生息環境を調べたりして，ヤゴ（トンボ）にとって生息しやすい環境とはどのようなものかを考え，地域の環境を見直せるようにしたいと考えた。

(2)　単元の目標と流れ

ヤゴの育ちとかんきょう

（全20時間　理科＋国語＋総合的な学習の時間）

　ヤゴ（トンボ）の様子を継続して観察，飼育したり，その結果を記録したりする活動を通して，ヤゴ（トンボ）の体のつくりや育ち方の特徴，生活の様子，ヤゴ（トンボ）を中心とする生物どうしのつながりをとらえられるようにする。また，羽化の困難さを知ることによって，自然の営みのすばらしさやきびしさを感じ取れるようにする。さらに，ヤゴ（トンボ）が生息しやすい環境という観点で地域の環境を見直そうと

する態度を育成する。

1　プールにはどんな生き物がいるのだろうか　　　　（理科　1時間）
　・プールの水を採取し，どんな生物が生息しているか観察する。
2　プールのヤゴを救出し，育てよう　　　　　　　（総合　5時間）
　・水位を下げたプールに入り，ヤゴを採取する。
　・ヤゴの飼育計画を立て，それに従ってヤゴが羽化してトンボになる
　　までの様子を観察し，記録する。
3　説明文「ヤゴからトンボへ」を書こう　　　　　（国語　3時間）
　・観察記録をもとにヤゴが羽化するまでの様子を説明する文章を書く。
4　「トンボ池」をつくり，ヤゴ（トンボ）を中心とする生き物どうしの
　　つながりを調べよう　　　　　　　　　　　　（総合　7時間）
　・「トンボ池」をつくる。　　　　　　　　　　（夏季休業中）
　・「トンボ池」内の生物どうしのつながりを調べる。
　・学校内や校区でトンボが交尾や産卵，飛行している様子を観察し，
　　その結果を「トンボマップ」に記録する。
　・調べた結果をもとにして，トンボなどの生物が生息しやすい環境に
　　ついて考える。
5　ヤゴやトンボが育つ環境を守り，育てよう　　　（総合　4時間）
　・校区やその周辺にヤゴやトンボが生息できる水辺や緑地がどの程度
　　あるのか調べ，地域の環境を見直す。
　・学習したことを整理し，他者に伝える。

＊　枠内の「総合」は，総合的な学習の時間を示す。

(3)　授業の実際

1）プールにはどんな生き物がいるのだろうか

　校庭の生き物調べの一環として，プールにどんな生物が生息しているか調べた。「あんなにきたない水の中に，生き物なんかいないと思う」という子

どもたちの予想に反して，プールにはヤゴをはじめとする様々な生物の生息が確認できた。子どもたちは，「ぬるぬるして，とてもくさいもの中にヤゴと赤虫がいる」，「ヤゴはおしりから空気を出して飛ぶようにして移動してる。おもしろい」などと新たな発見をしていき，水面に飛来するトンボをみて「ヤゴがトンボになるところをみたくてたまりません」と飼育への意欲を高めた。そんなときに，プールに生息する生物はプール清掃の際に下水道に流される運命にあると授業者から知らされると，「かわいそうや，助けたろ」という声があがり，"ヤゴ救出作戦"が立てられた。

2）プールのヤゴを救出し，育てよう

いよいよヤゴを救出する日である。初めは一匹を捕まえるのがやっとという様子であったが，時間が経つにつれて採集活動にも慣れていき，200匹ものヤゴの救出に成功した（写真11）。予想以上に数多く採取できたため，他学年でも飼育してもらうことにした。

その後，飼育方法を調べてグループでヤゴを飼育し始めたが，次第に各個人で飼育したいという欲求が高まっていった。家から古くなった日用品を持ち寄り，それを飼育容器として各自で責任をもって飼育していくこととなった。これが継続観察の原動力になったようである。体のつくりや餌の食べ方などのヤゴの生態を丁寧に観察し記録していった（図4-10）。

6月初旬，羽化が始まった。子どもたちは，生まれて初めてみる羽化後のトンボの存在に感動し，大きな拍手と歓声で羽化の成功を喜んだ。羽化第一号のタイリクアカネの成虫を教室の窓から飛び立たせた後，残りすべてのヤゴが羽化に成功することを願いながら，何匹のトンボが羽化できるか記録していった。

しかし，現実は厳しいものである。脚が殻に引っかかって死んでいくもの，殻からでてきたものの羽が広がらなかったり，脚がちぎれて飛べなかったりし

写真11　プールのヤゴを救出する

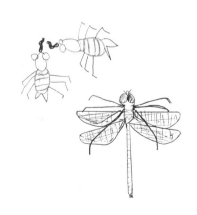

ヤゴ

〈体のつくり〉
・茶色っぽくて，約 2cm の大きさ。
・頭，胸，腹と分かれる。胸に毛が
　ある。脚は 6 本。
・いちばん後ろにとげみたいなもの
　がある。

〈生態〉
・昼はあまり活動しない。
・ヤゴの食べ物は，ボウフラ，イト
　ミミズ，赤虫。時には共食いをす
　るときもある。
・死んでいる生き物は食べず，生き
　生きとしているのをたくさん食べ
　る。
・脚でつかんで口元にもっていき食
　べる。血をすったように赤虫が白
　くなる。食べたあと，ヤゴのおな
　かは赤くなる。
・ヤゴは餌の赤虫を食べるときは，
　体の半分ぐらいのベロをすばやく
　出し，餌を口の中に入れる。速す
　ぎて人間の目には見えない。
・えらで呼吸する。こけの中では遅
　いが，水の中では速い。

羽化したタイリクアカネ（♀）の
体のつくり
体　長－4.5cm
つくり－頭，胸，腹，脚は 6 本
　　　　前脚 1cm
　　　　中脚 1.5cm
　　　　後脚 2cm
　　目　－黄緑，くりくりしてきょろ
　　　　きょろ動く。
　　羽　－長さ 3cm，4 枚，透けて
　　　　いて細い糸で編んだよう。

図 4-10　ヤゴ・トンボの観察記録

たものが相次ぎ，飼育していたヤゴのうち，無事に羽化に成功したものは半
数にも満たなかった。

　羽化できなかったり飛べなかったりしたトンボの姿を目の当たりにして，
子どもたちは自然の営みとは厳しいものであることを痛感したのである。

3）説明文「ヤゴからトンボへ」を書こう

　子どもたちは，ヤゴの成長や羽化の様子の観察を通して命の尊さを学んで
いった。こうした生物への関心が高まるときに，国語では説明文教材「ムサ
サビのすむまち」を学習していた。教材の読了後，観察記録をもとに説明文
「ヤゴからトンボへ」を書き表した。説明文には，初めてヤゴに出会った時

羽化の困難さ

- 殻からさかさまに出てきて頭を上にもちあげて，しばらくすると羽を広げて，自然にかわくのを待つ。
- トンボになったものが絶対に飛べるわけでもない。羽がぐしゃぐしゃだったり脚がちぎれたりもする。頭だけでたり，脚が殻に引っかかってでられなくて死ぬのもいる。
- 一番ひどいと思ったのは，首がねじれて本当は口が下を向かないといけないのに，上を向いていたりして，もう今にもとれてしまいそうなトンボだ。

➡

環境保全への意識

- ヤゴがすめてトンボになることができるように，ヤゴの池をつくって育てていこうと思う。
- 羽化して成虫になったトンボが，また卵を産みにきて，それがまたトンボになれるようにしてあげたい。
- トンボやアメンボがどこから来たのか調べたい。そして，トンボがプールのほかにどんなところに卵を産むのか調べたい。

図 4-11　説明文「ヤゴからトンボへ」の記述例

の感動，ヤゴの飼育方法や行動の特徴，ヤゴとトンボの違い，羽化の困難さなどが記されている。さらに，トンボと共生できる環境づくりへの意欲も表現されていた。ムササビと人が共生することのすばらしさを教えてくれる教材の内容が，子どもたちの環境保全への意識をより高めたものと考えられる(図 4-11)。

4)「トンボ池」をつくり，ヤゴ（トンボ）を中心とする生き物どうしのつながりを調べよう

①「トンボ池」をつくる

説明文を書き終えた後に，子どもたちから，一年中安心してヤゴがすめてトンボが産卵できる池を自分たちでつくりたい，「ヤゴのすむ学校」にしたいとの要望が出された。この願いを実現するために，限られた敷地内のどこに，どのような方法で「トンボ池」（以下，トンボ池）をつくるのか，学級のみんなで情報を収集して計画を立てた。その後しばらくして，プールに隣接する樹木園の中につくる許可を学校長からもらい，夏季休業中に完成することに決定した。

夏休みに入るとすぐに作業を開始した。交替で登校しながら，水泳指導前の時間を利用して池づくりに取り組んだ。約一週間をかけて土を掘り，大き

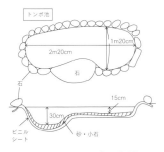

図4-12 トンボ池の設計図

写真12 トンボ池づくり，土を掘る

さ 1.2 m × 2.2 m，深さ 30 cm の池を完成させ，水道水を入れて作業を終えた（図4-12，写真12）。

②「トンボ池」内の生物どうしのつながりを調べる

　子どもたちは，水道水を入れただけの池が今後どのように変化し，トンボがいつ産卵に来てくれるのかを楽しみに，池の様子を継続観察し記録していくことにした。毎日当番制で1日4回，気温，水温，池とその周辺の生物の様子を観察し，記録していった。

　しばらくは何の変化もないようにみられた池であったが，9月末にはプランクトンやユスリカの幼虫，カエルなどの生息を確認した。10月にはトンボが池の水面に腹部の先をつけ産卵する様子やヤゴを見つけることができ，子どもたちは手づくりの池が命の誕生の場となっていることに大喜びした。

　観察を続けている子どもたちの次の問題は，「トンボ池のヤゴはえさを与えなくても育っている。ヤゴは何を餌とし，その餌は何を食べているのか」であった。

　池の水や泥を採取し，どんな生物が何を食べているかを調べた結果，「緑のヌルヌルの中に小さな虫がいて，それを赤虫が食べ，その赤虫をヤゴが食べている」，「赤虫を食べるときは血を吸うだけの時と身も全部食べる時がある」などと記録し，池では，プランクトン→ユスリカの幼虫（赤虫）→ヤゴというように，食う食われるという関係があることに気付いていった（図4-13）。

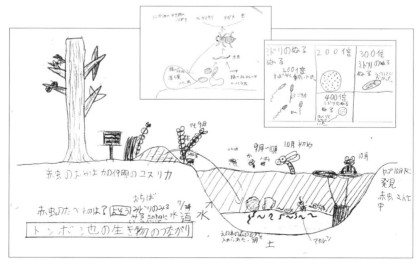

図4-13　学習記録にみる「トンボ池」内の生物どうしのつながり

　③ トンボはどんな所にすんでいるのか調べ,「トンボマップ」に記録する

　もう一つの問題は,「トンボ池に産卵したトンボはどこから来たのか, トンボはどんな所によく来るのか」であった。

　この問題を解決するために, まずは, 学校内のどんな所にトンボが飛来するのか調べることにした。各自が朝, 昼, 放課後の3回にトンボが飛来する様子を調べ, 学校敷地図に交尾の様子がみられれば黄色, 産卵していれば緑色, 飛行していれば赤色のシールを貼って記録していった。その結果, 学校内ではプールや樹木園によく飛来し, 日中に一番活動している様子が記録された。

　次に観察場所を広げ, 自分たちの住む校区でも同様のことがいえるのか, 観察地域を分担して調べた。多くは公園の緑地や水辺, 高等学校や中学校の緑地, そのほかに数は少ないが畑地, ミニ田んぼ, 水溜りなどにもトンボが飛来する様子を確認し,「トンボマップ」に記録していった (図4-14)。

　「いちばんトンボが来たのは昼でした」,「トンボは, 草や木など小さな虫がいそうなところによく飛んできます」,「木の枝, 鉄の棒の先など, 物の先にとまっています」などと, 各自が調べた結果を交流するなかで, 餌を捕獲

学校内の「トンボマップ」

校区の「トンボマップ」

図4-14　T児が作成した「トンボマップ」

できたり体を休めたりできる野草や樹木は，トンボにとって欠かせないものであることをとらえていったのである。

5）ヤゴやトンボが育つ環境を守り，育てよう

①「トンボ池」と地域の自然とのつながりを調べ，地域の環境を見直す

　学校内や校区でトンボがよく飛来する場所を調べた子どもたちは，トンボ池のヤゴは池の生物だけでなく校区の他の環境ともつながって生きていることに気付いていった。

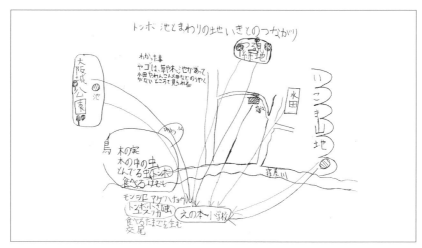

図4-15　M児の学習記録にみるトンボ池と地域の自然環境とのつながり

　そんなとき，トンボ池に今までとは種類の異なるヤゴの生息を確認した。専門家[3]に同定を依頼したところ，大阪市内では見られないトンボで，隣の市にある生駒山で生息が確認されているヤブヤンマのヤゴであることがわかった。遠く離れた山に生息しているヤブヤンマが小さな池の存在を見逃さず産卵場所に選んだこの事実は，子どもたちに生物のしたたかさと生物と環境とのつながりの強さを知らせるものとなった。

　その結果を受けて，次に，トンボ池に生息するヤゴを中心に，樹木園「えのもとの森」，校区とその周辺においてどのような生物どうしのつながりがあるのか考え，図にまとめた（図4-15）。池の中での食う食われるという関係や池とその周辺の自然環境とのつながりをまとめていくなかで，多様な生物がかかわり合って生きるには，生物が安心して生息できる緑地や水辺が必要であることを再確認した。

　そして，自分たちの住む地域にそうした環境がどれだけ残されているのか調べた。校区を分担して調べた結果，緑地や水辺はごくわずかしかないことがわかった。さらに，校区とその周辺の様子を映し出した航空写真を見ても，緑や水のある空間はほんの数ヶ所しか認められなかった。こうした現状から，子どもたちは，ヤゴだけでなく多様な生物が安心して暮らせる環境が

たくさんあってほしいという願いを強め，自分たちはトンボ池を守り続けようという決意を新たにした。

② これまでの学習をまとめ，他者に伝える

そうした思いを多くの人に理解してほしいと考え，保護者に伝えることにした。ヤゴを採集したときの感動，ヤゴの飼育方法と観察の結果，トンボ池づくりと継続観察した結果，トンボ池にすむ生物と他の生物や周辺環境とのつながり，校区や地域の「トンボマップ」を作成してわかったこと，冬のトンボ池の生物の様子について各グループで分担してまとめ，参観日に発表した。

参観日の当日，グラフや図，スライドなどを活用した発表に対して真剣に聞いてくれる保護者の姿に，子どもたちは大きな達成感と満足感を覚えたようである。その後，水漏れの心配がないように池を整備し直して学習を締めくくった。

(4) 実践を終えて

事後に，「私ががんばったなあと思うことは」に続く言葉を自由記述式で尋ねた結果，羽化するまでの責任をもった飼育（28人），ヤゴの採集（22人），トンボ池内の生物どうしのつながりの観察（19人），学校内や地域における交尾や産卵をするトンボの探索（17人）に関する記述が認められた。また，「今までよりよくなったなあと思うこと」として「嫌いな虫でも触れるようになった」（14人），「自分から進んで調べるようになった」（10人），「いろいろな虫に触れるようになった」（7人）と記述し，子どもたちがヤゴ（トンボ）を中心とする生物と積極的にかかわってきたことが読み取れた。なかでも，生物の生息環境を認識するうえで重要な採集経験が可能になったことの意味は大きいといえる。

生物と積極的にかかわるなかで，子どもたちは生物に対する見方・考え方を深めていった。K児は「ヤゴやトンボはきびしい自然の中でせいいっぱい生きる努力のすばらしさを教えてくれた。もっと生き物が安心してすめるよう，学校や校区に水辺や緑を増やしたい」と記している。食う食われるとい

う関係などにみられる自然の仕組みの厳しさや羽化などにみられる自然の営みのすばらしさに気付き，ヤゴやトンボなどを自分たちと同じ命ある存在として受け止め，その認識が多様な生物が生息できる環境を保全していこうとする意識を高めたといえる。そうした考えは他の子どもたちの記述にも認められる（表 4-13）。また，生物に対する認識の深まりや環境保全への意欲の向上が，本授業に対する意識を選択式で尋ねた項目に対して，「新しい発見があった」，「おもしろかった」，「満足した」と全員が回答することにつながったものと考えられる。

表 4-13　事後調査にみる生物に対する見方・考え方

○　ヤゴやトンボなどの生き物が教えてくれたこと 　・きびしい自然の中で，せいいっぱい生きようとする努力のすばらしさ。 　・羽化が命がけで大変なこと。 　・虫の命の大切さ。虫の一生は短いから。 　・どのようなものを食べて，どのような所にすんでいるか。 　・ヤゴはアカムシを食べ，アカムシは緑のぬるぬるの中の小さな生き物などを食べるように，食べたり食べられたりしていること。生き物たちのつながり。 　・トンボ池みたいな小さな場所でも，水道水を入れただけで数日経つといろいろな生き物がすめる場所になること。 　・ヤゴやトンボが安心してすめるには，水だけでなく木などの緑が必要なこと。 ○　校区をつくりかえられるとしたら，してみたいこと 　・木の少ない公園を，草・花・木の多い自然公園にし，鳥や虫にたくさん来てほしい。 　・排気ガスをなくして空気のきれいな町にしたい。森を増やして草木や動物が安心して育つようにしたい。 　・どこに行っても緑がいっぱいあるようにしたい。もっとトンボを増やしたい。 　・緑を多くし，川をきれいにして，虫や鳥などがもっと増えるような所につくりかえたい。 　・もっと緑を増やして，農薬や公害，ごみとかを減らしたい。 　・地球全体をきれいな緑にし，人間と生き物がいっしょにすめるようにしたい。 　・人間と自然が楽しくすめる町。

第4学年　生き物のくらし，つながり

(1)　単元設定のねらい

　子どもたちは，第3学年の理科で昆虫や植物の体のつくりと成長の様子について学習しており，29人中14人が生物の観察活動に意欲的に取り組んだと回答している。肯定的な反応を示した子どもたちは，その理由に「生き物のことがたくさんわかるから」，「生き物の生活が気になるから」などをあげている。しかし，虫に対する嫌悪感を理由に消極的な反応を示す子どもが15人と半数程度認められた。

　そこで，第4学年では，季節を通して生物の成長や活動の様子を観察することによって命あるものの生活の様子に関心をもち，それらを大切に思う気持ちを高める。さらに，食べ物や生息環境を通じた生物どうしのつながりが季節とかかわりながら変化していることをとらえられるようにし，その認識のもとに，多様な生物が生息できる環境を保全することの重要性に気付けるようにしたいと考えた。

(2)　単元の目標と流れ

─── 生き物のくらし，つながり ───

（全20時間　理科＋総合的な学習の時間）

　生物の成長と季節の変化に着目して，それらを関係づけて調べる活動を通して，生物の成長や活動の様子は季節によって違いがあること，それにともなってその生物とかかわる生物の様子にも変化があることを理解できるようにする。その認識のもとに，多様な生物が生息できる環境を維持するために自分たちにできることを考え，実践しようとする態度を育成する。

1　季節の変化とともに生き物の成長や活動の様子はどのように変化す

るのだろうか　　　　　　　　　　　　　　　　（理科　12時間）
- ・継続して生物を観察する範囲を決め，気温や観察結果の記録の仕方を学ぶ。
- ・春から夏，夏から秋，秋から冬へと季節が変化するとともに生物の成長や活動の様子がどのように変化するのか調べる。

2　季節の変化とともに生き物の成長や活動の様子はどのように変化したのだろうか　　　　　　　　　　　　　　　　（理科　2時間）
- ・観察記録をもとにして，季節による気温の変化とともに生物の成長や活動の様子，生物どうしのつながりの様子がどのように変化したかをまとめる。

3　「命のつながり」のある環境を守るために，自分たちにできることを考え，実践しよう　　　　　　　　　　（総合的な学習の時間　6時間）
- ・草地を残すか残さないか考え，話し合う。
- ・生物とヒトがともに暮らす環境づくりの大切さを知る。
- ・学校内の自然環境を保全するために自分たちにできることを考え，実践する。

⑶　授業の実際

1）季節の変化とともに生き物の成長や活動の様子はどのように変化するのだろうか

　子どもたちは，学校内に整備された果樹園（「実のなる森」，約200 m²）やその周辺の草地の中から，グループ毎に約1 m²の担当場所を決め，春から夏，夏から秋，秋から冬へと，季節ごとに生物の成長や活動の様子がどのように変化するのか予想し，観察を続けた。「生き物は，どこで，何をしているのか」を観点に観察した結果と気温の測定結果を記録していった（図4-16，写真13）。

　観察結果から，「春から夏には植物はぐんぐん伸び，虫は活発になる。それに対して，秋から冬になるにつれ，植物は種子を残して枯れていき，虫は

図4-16　学習記録の例

写真13　担当する場所で生物の観察をする

卵を産んで死んでいくものや冬眠をするものがいる」という M 児の記述のように，季節の変化とともに植物の成長や動物の活動が変化することをとらえていった。また，「0℃と寒くなったら動物はいないと思っていたのに，枯れ木の下にはダンゴムシやナメクジがいるのがわかった」，「タンポポは，ロゼットになって春への準備をしている」というように，自分たちの予想とは異なる新たな事実もとらえていった。

2）季節の変化とともに生き物の成長や活動の様子はどのように変化したのだろうか

　こうして1年間の観察結果が集まったところで，授業者は，まず植物の成長の変化を確認し，次にそれらにかかわる動物の活動の変化を確認することにより，子どもたちが植物と動物との深いかかわりに気付けるようにした（表4-14）。1年間の観察結果をまとめることによって，子どもたちは，S 児の「あたたかくなると植物が成長し，それをエサとする動物の活動が活発になり，寒くなってエサになる植物が減るとそれをエサにする動物の動きがにぶくなる。このことから，植物と動物は大きく関係しているといえる」というように，季節の変化とともに，観察できる生物どうしのつながりにも変化があることに気付いていった（図4-17）

表4-14　季節による生物どうしのつながりの変化をとらえる

T	：次は，ハチをみていきましょう。春や夏のハチの様子はどうでしたか？
C1	：夏になると数がたくさん増えました。
C2	：タチアオイに花が咲いて，その蜜を吸いに来ていました。すごくたくさん。
T	：秋に向かうと？
C3	：こんどはセイタカアワダチソウに黄色い花が咲いて，そこにクマバチが花粉を集めに来ていました。
C4	：かわいそうに花粉症になるってくらい，顔を突っ込んでいました。
T	：冬，0℃の寒いときには，どうですか？
C5	：もうハチはみつかりませんでした。蜜をすう花がないからだと思います。

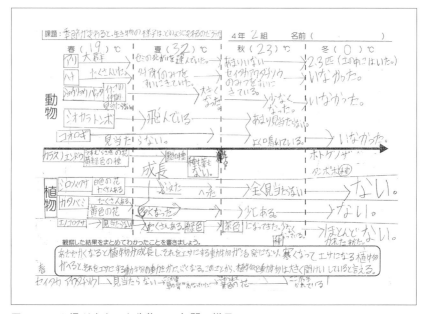

図4-17　S児がまとめた生物の一年間の様子

3)「命のつながり」のある環境を守るために，自分たちにできることを考え，実践しよう

①「命のつながり」のある環境の大切さを知る

授業者は，生物どうしのつながりについての理解をさらに深めるために，

次のような話題から授業をスタートした。

「今年は，みんなの観察のために草を抜かないでそのままにしておいてください と，いろいろな方々にお願いしてきました。でも，草が大きく伸びると地域の方から『草を抜きましょうか？』という電話がかかってきたりしています。みんなは，草をどうすればいいと思いますか？」

授業者の問いかけに対して，子どもたちは「草を残す」のか「草を残さない」のか，なぜそう思うのかについて考え，話し合った。「草を残す」とするのは28人中17人である。その理由として「草がないと虫が暮らせなくなる。いろいろな虫が餌を食べられなくなるから」，「抜くと自然に影響がでそうだから」など，生物どうしのつながりに着目した考えや，教材や景観としての価値に着目した考えが出された。それらに対して11人が「草を残さない」とした。害虫が多くなることを懸念する思いや「草が大きくなったら，他の植物が育たない」と他の植物への影響を心配する考え，「花粉症の人が困るから」などとヒトとのかかわりに関する考えが出された。なかには，「たとえそれがなくても，人間に影響が及ばないから」とする意見もあった。

こうした結果を受け，授業者は生物どうしのつながりのある環境は我々人間の生活と密接な関係にあり，保全する必要があることを子どもたちが理解できるよう，スライドを提示しながら説明した。それを受けた子どもたちは，「そうや，草を食べるバッタがいて，バッタを食べるカマキリがいて，カマキリを食べる鳥がいる。命はつながっているんや」，「その中に私らもおるんや。草がなかったら，生き物は絶滅やん」などと，命のつながりの重要性を理解していった。その後，外来種の植物はできるだけ少なくし，その他の植物は定期的に管理するものの残しておくというように共通理解した（図4-18）。

②「命のつながり」のある環境を守るために，自分たちにできることを考え，実践する

草地が広がる果樹園とその周辺の自然環境は，他の生物だけでなく自分たちにとっても大切な環境であることを知った子どもたちは，その重要性を学校や地域の人々に知らせる必要があると考えた。

そこで，各自がどのような人を対象にどのようなことを伝えればよいか，

草を残す（17 人）		草を残さない（11 人）
・草がないと虫が暮らせなくなる。いろいろな虫が餌を食べられなくなるから。 ・虫が隠れる場所がなくなるから、残した方がよい。もちろん害虫もいるけど、それを餌にする鳥もいるから残した方がいい。 ・他の学年が観察するかもしれないし、緑や自然がだんだんなくなるから。 ・草も生えていない、花も枯れている戦争のあとみたいになるから。 ・草がある方が気持ちがよい。		・草がいっぱい生えると、それを餌にする生き物が多くなる。その中には害虫もいて、人間に害を与えるものもいるので、害虫の大量発生を防ぐために草を抜く。 ・草が大きくなったら、他の植物が育たない。 ・セイタカアワダチソウみたいな草は残さない。 ・草が生えすぎると、つまずいてこけたりする。 ・たとえそれがなくても人間に影響が及ばない。

授業者から生物多様性保全の必要性について学ぶ

・草を残さないと生き物がいなくなって、人間も滅んでしまうかもしれないから。
・草も私たちもみんな一つの自然。一つの命のつながりだから。
草は残す
（伸びすぎた草は定期的に刈る）

「命のつながり」を守るために
草の大切さや草とふれあうことの
楽しさを伝えよう

図 4-18　草を残すか残さないかについての話し合いの経過

どのような方法で伝えるか考え，同じような考えをもつ者どうしでグループを編成して活動を進めた（表4-15，写真14・15）。

　活動後，子どもたちが貼った掲示物を地域住民が立ち止まって見ている様子や休み時間や放課後に果樹園や草地で遊ぶ他学年が増えたことなどを確認することができ，自分たちの活動の意義を実感して学習を終えた。

表4-15　草地の大切さや生物と触れ合うことの楽しさを知らせる活動内容

◎どのような人に伝えるか
　・学校のみんな（新1年生や他の学年）
　・地域の人々

◎どのようなことを伝えるか
　・いろいろな命はつながっているということ
　・草は虫たちが生きるために大切な存在であるということ
　・果樹園や草地にはたくさんの生き物がいて，楽しい場所であること
　・草を使った遊びの紹介

◎どのような方法で伝えるか
　・壁新聞　　　　・ポスター
　・チラシ　　　　・朝会や集会　など

写真14　「生きものにであおう」と呼び掛けるポスター

写真15　地域住民の理解を得るためのポスター

⑷ 実践を終えて

事前では生物を調べる学習に意欲的な子は 29 人中 14 人であったが，事後では 21 人に増加した。消極的から意欲的に変化した子どもたちは，その理由に「生き物の様子がどのようにして変わるのかが気になるから」，「生き物の知らないことがわかるから」など，生物に対する関心の高まりを示している。ただ，依然として「どちらともいえない」（5 人）や「あまり進んでしていない」（2 人）と回答する子もいる。虫に対する嫌悪感が根強く残っているためである。

果樹園や草地のことについてまだ知らない人に知らせたいことは何かを尋ねた結果，全員が多様な生物が生息していることと，そこで繰り広げられる「命のつながり」について知らせたいと記述している。中には，「たくさんの生き物のすみかを私たち人間が一緒に取り組んで守ってあげることが大事だ」というように，自然環境を保全することの重要性について記述した内容も認められた（表 4-16）。

こうして生物どうしのつながりに関して得た知識・理解が定着しているのか，学習終了後 2 か月を経た時点で，果樹園とその周辺の草地における生物どうしのつながりに関して知っていることを図や文で記述するよう求めた。その結果，「草の葉を食べる虫→虫を食べる鳥→鳥を食べる動物という

表 4-16　果樹園（実のなる森）や草地について知らせたいことの記述例

・実のなる森ではたくさんの命がつながっている，大切な自然としての一つです。だから，植物を大切に育て，たくさんの生き物のすみかを私たち人間が守ってあげることが大事だと知らせたい。

・生き物たちが人に大切だということ，生き物がいなかったらどうなるか，これからもずっと植物，生き物，自然を大切にしてもらうということ。

・自然を大切にすること，むやみに虫を殺さない，意味もないのに草をむしらない。こんなことをし続けると人間も絶滅するかも知れない。

・虫や植物，そして草を食べる虫のことを知ってもらいたい。いろいろな生き物がいること，しかもちゃんと観察もできることを知ってもらいたい。

・この地球上には生き物の命のつながりがある。葉っぱ→葉っぱを食べるバッタ→バッタを食べる鳥→鳥を肉として食べる人間。葉っぱがなくなると人間は生きていけない。
・草の葉を食べる虫→虫を食べる鳥→鳥を食べる動物というようにつながっており，最後には人が食べていく。草がないとこの命のつながりが切れて，人間も他の生き物も死んでしまう。たとえ小さな草であっても人にとっては大切な存在。

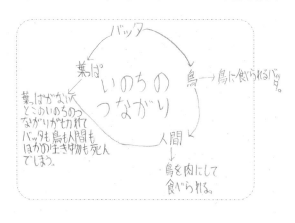

図 4-19　授業終了後 2 か月を経てかいた生物どうしのつながりの例

ようにつながっており，最後には人が食べていく。草がないとこの命のつながりが切れて，人間も他の生き物も死んでしまう。たとえ小さな草であっても人にとっては大切な存在」というように，28 名中 24 名が食う食われるという関係について記述していた（図 4-19）。ほか 2 名はチョウの成長について記述し，2 名は無答であった。

　以上から，子どもたちは生態系概念の初歩の内容である生物どうしのつながりについて理解できているといえる。

3　小学校高学年の実践

小学校高学年では，低・中学年で学んだことを踏まえ，さらに我々人間の生活は自然の恩恵を受けて成り立っていることを理解し，自然と共生するあり方について探る。そのうえで，生物多様性や生態系を保全するために自分たちの身近でできることを考え，実践しようとする態度を育むことをねらいとする。

第5学年　「ミニ田んぼ」とその周辺の生き物調査

(1)　単元設定のねらい

第5学年への進級時に学級編成が行われたため，第4学年の単元「生き物のくらし，つながり」の学習を通して生物どうしのつながりのある環境の重要性を理解した子は半数となった。他学級から編入した子らに「命のつながり」について知っていることを尋ねた結果，16人中3人は「花の蜜を吸うハチ」などと生物どうしのつながりに関する内容を記述しているものの，13人はチョウが卵から成虫になる成長過程を記述している。また，生物を観察したり採集したりした経験が少ないことも明らかになった。

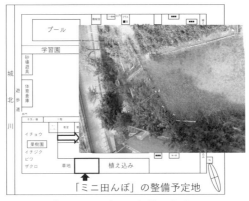

図4-20　「ミニ田んぼ」の整備予定地

こうした実態を踏まえ，一級河川の城北川（人口水路）に近い位置に整備された果樹園「実のなる森」（以下，実のなる森）と草地の近くに「ミニ田んぼ」（以下，ミニ田んぼ）を新たに整備してトンボなどの生物を呼び込みやすくする。その後，無農薬で育つイネの成長とそれにかかわる生物やミニ田んぼとその周辺に生息する生物の様子を調べる活動を通して，人が行う新たな環境の整備が生物どうしのつながりに変化をもたらすことをとらえられるようにする。次に，自分たちが育てたイネから収穫した米を食すことで，我々の生活が自然の恩恵を受けて生活している事実を改めて実感できるようにしたいと考えた。

⑵　単元の目標と流れ

——「ミニ田んぼ」とその周辺の生き物調査 ——

（全20時間　理科＋総合的な学習の時間）

　条件を制御しながらイネの発芽，成長の様子を調べる活動を通して，イネの発芽，成長とその条件についての理解を図る。また，ミニ田んぼとその周辺環境の生物調査を通して，生物は食べ物や生息環境を通じて互いにつながりあって生活していることをとらえるとともに，我々の生活は自然の恩恵を受けていることを理解し，自然環境を保全しようとする意欲と態度を育成する。

1　イネの発芽，成長には，何が必要なのだろうか　　　（理科　7時間）
　　・発芽の条件は何かを考え，条件を制御して調べる。
　　・発芽したイネを育て，成長するために何が必要か調べる。
2　田植え前のミニ田んぼとその周辺の生き物はどんな様子だろうか
　　　　　　　　　　　　　　　　　　　　　　　　　　（総合　2時間）
　　・田植え前の生物の様子を調べ，記録する。
3　田植え前と比べてミニ田んぼとその周辺の生き物はどんな様子だろうか　　　　　　　　　　　　　　　　（総合　3時間＋夏季休業中）

・田植え後の穂ばらみ期，開花期，成熟期と成長するイネとイネにかかわる生物の様子を調べ，田植え前と比較する。

4　夏と比べて，稲刈り前のミニ田んぼとその周辺の生き物はどんな様子だろうか　　　　　　　　　　　　　　　　　　　　　（総合　2時間）

・イネの黄熟期の生物の様子を調べ，夏の様子と比較する。

5　イネの成長過程とミニ田んぼとその周辺の生き物の様子をまとめよう
　　　　　　　　　　　　　　　　　　　　　　　　　　　（総合　2時間）

・観察記録をもとにイネの成長過程と生物とのかかわりについて整理し，わかったことについて話し合う。

6　生物多様性保全のために自分たちにできることを考え，実践しよう
　　　　　　　　　　　　　　　　　　　　　　　　　　　（総合　4時間）

・観察記録や資料をもとに生物多様性保全の重要性等を知らせるプレゼンテーションを作成し，保護者を対象に発表する。

＊　枠内の「総合」は，総合的な学習の時間を示す。

⑶　授業の実際

1）イネの発芽，成長には，何が必要なのだろうか

　子どもたちは，イネの発芽の条件を考え，空気，水，温度のどれが必要か条件を制御した実験を行い，約25 ℃の室温で空気に触れる面があるように水につけた籾殻からの発芽率が高いことを明らかにした。コシヒカリの種子から薄い緑色の芽が上に伸び，白色の根が出たのは，種子を水につけてから一週間後のことである。ゴールデンウイーク後には約8 mmの種子から約7 cmの細長い芽が上に伸び，下方には約14 cmの根が伸びている様子に驚いていた。その様子から，種子にそんなに多くの栄養が詰まっているのかと不思議に思い，インゲンマメやトウモロコシと同様にヨウ素液を種子にたらし，青紫色に変色する様子からデンプンの多さを確かめた。

　その後，発芽した種子を土に植え替え，水を吸い上げたり日光を浴びたりして養分を得て成長する様子を観察し，田植えまで水の管理をし続けた。

2) 田植え前のミニ田んぼとその周辺の生き物はどんな様子だろうか

　実のなる森と草地に近い場所にミニ田んぼ（約2m×約4m）を整備し，田植え前に生物調査を実施した。まず，水田地帯で生物調査をしている専門家[4]から，稲作ではどのような作業が必要か，その作業過程にともなって生息する生物にどのような変化がみられるのかを学んだ。田んぼに水がある時とない時をうまく利用して卵から成長していくアマガエルの生態，イネの成長とともに増加するイネを食べる虫やそれを食べる虫の様子，アキアカネの産卵にとっての稲刈り後にできた田んぼの中の水溜りの必要性などについてである。こうした専門家の話から，イネの成長とともに変化する生物の様子を調べることの重要性を子どもたちは理解した。

　次に，田植え前のミニ田んぼとその周辺に出かけ，どのような生物が生息しているか調べた。専門家から捕虫網の使い方を教わった子どもたちは，順番に網をもって草地に入っていった。田植え前のミニ田んぼではアブしか確認できなかったが，実のなる森の草地ではトノサマバッタやショウリョウバッタの幼虫，ナナホシテントウ，シロテンハナムグリなどを，土の中ではダンゴムシ，ワラジムシ，ミミズなどの生息を確認し記録していった。自分では生物名がわからないものについては専門家に同定してもらいながら，意欲的に生物を採集していった。事前では虫に対する嫌悪感を示していた子どもの中には，コスナゴミムシダマシという名前の面白さを感じたり，友達が捕虫網でつかまえた昆虫に興味を示したりする子もいた（写真16）。

　生物調査の後，しばらくたった日に田植えを行った。農業協同組合の方[5]の指導のもと，子どもたちはミニ田んぼの泥の中に踏み入り，等間隔に苗を植えていった。ミニ田んぼ全体が青々とした苗でいっぱいになった景色をみて，おいしいお米を食するまできちんと世話をする意欲を高めた。そして，次に専門家と生物調査を行なう日まで，イネの成長

写真16　専門家の指導のもとに生物調査をする

写真17　田植えをする

とともにそれにかかわる生物の様子などを調べ記録していった（写真17）。

3）田植え前と比べてミニ田んぼとその周辺の生き物はどんな様子だろうか

　7月になりイネが分げつ期を迎える頃に，2度目の生物調査を実施した。ミニ田んぼではボウフラやヤゴが生息するようになったり，草地ではバッタ類が大きくなったりする様子を観察してきた子どもたちは，生物調査の日を楽しみにしていた。水中に網を入れて生物を掬い取りバットに入れたり，イネの茎のところで捕虫網を動かし生物を採取したりして意欲的に活動した。その結果，ミニ田んぼではユスリカの幼虫やボウフラ，ヤゴなどを，実のなる森とその周辺の草地では前回と同様のバッタ類やチョウ類に加え，ウスバキトンボの飛来を確認できた。なかでも子どもたちが興味を示したのが，水中の小さな生物の存在である。

　そこで，水中における食う食われるという関係を中心に，この日に確認した生物について専門家から解説してもらった。実体顕微鏡につないだ電子黒板に映し出されたミジンコの透き通った体の中やユスリカの幼虫の口，ヤゴの頭などがクローズアップされるたびに，子どもたちは声を上げて興味を示した。また，ミジンコなどのプランクトンはユスリカの幼虫やボウフラの餌となり，それらはシオカラトンボのヤゴの餌となるという食う食われるという関係について説明を受け，生物界の巧みな仕組みを理解した。さらに，ユスリカの幼虫の体の色とイネの育つ土の栄養との関係，大阪では冬を越せないウスバキトンボの生態，ツマグロヒョウモンの前足が他のチョウ類とは異

なり短い理由，ショウリョウバッタの名前の由来など，疑問に思っていたことに答えてもらった。そして，夏季休業中のイネの成長は早く，それにかかわる生物の様子も大きく変化することを教えてもらった。

それらを受けて，子どもたちは夏季休業中も水泳指導の前後を利用し，継続して観察した。7月末にはイネが約50 cm，8月末には約80 cm以上と太陽の恵みを受けてぐんぐん伸びていく様子や小さな白い花を咲かせ果実を実らせていく様子，それに伴ってカメムシなどのイネを食べる害虫や他の生物が増えていく様子もとらえていった。9月には約1 mに伸びたイネの実を割ると白い液体が出るようになり，害虫の数はさらに増加し，スズメが飛来する様子も確認した。水面に近いイネの茎にクモが巣を張り水中から羽化する獲物をねらっている場面や水中にはヤゴの生息も確認した。

実のなる森では，7月には草丈が伸びて昆虫の数が増えたこと，8月にはハチやアブが少なくなった一方でアキアカネの数が増え，コオロギの鳴く声を聞いたり10 cm程度に成長したショウリョウバッタなどの昆虫をよく見かけたりした。9月になると，さらにアキアカネの数は増え，今までより低空飛行する様子もとらえられた（図4-21）。「つかまえ放題」，「数の多さにびっくり」と記す子もいた。

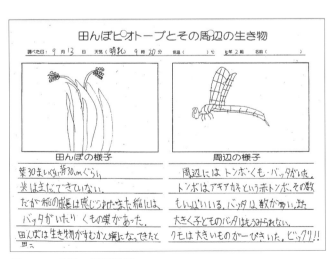

図4-21　S児の観察記録

4）夏と比べて，稲刈り前のミニ田んぼとその周辺の生き物はどんな様子だろうか

写真18　稲刈り前の生物調査をする

　10月に入ってイネが黄熟期をむかえた頃，3度目の生物調査を実施した（写真18）。ミニ田んぼでは，ウスバキトンボの姿は見られなくなり水中の生物の種類も少なくなったものの，シオカラトンボのヤゴを多数確認した。イネの茎にはヒゲナガヤチバエを，実のなる森ではオンブバッタ，キリギリス，ホシササキリなどの姿や昆虫が野草の茎を食べている様子を観察した。

　専門家からは，水中の虫の生物数が減少したのは成虫になって飛んでいったためであることや，ウスバキトンボの姿が見られなくなるのは熱帯のトンボであるために冬のすごし方を知らずに死んでしまうためであることを学んだ。また，日本では氷河期と間氷期が繰り返し起こったために暖かいところを好む昆虫と寒いところを好む昆虫が生息していること，大阪も昔は涼しかったのでギフチョウの生息が確認できたことについても話を聞いた。子どもたちは，夏に比べて生物の様子が大きく変化したのは，そうした自然界の原理・原則に従ったものであることを理解した。

5）イネの成長過程とミニ田んぼやその周辺の生き物の様子をまとめよう

　授業者が電子黒板に映し出すイネの成長過程の記録をみながら，子どもたちはミニ田んぼやその周辺でどのような生物を観察したり採集したりしてきたか発表し合い，その結果をワークシートにまとめていった。次に，イネの成長過程と生物の様子をまとめてわかったことについて，各自が考察した後に話し合った（表4-17，写真19）。

　話し合いによって，子どもたちはミニ田んぼを整備し，イネを育てたことによって去年より生物の種類や数が増えたこと，それは食う食われるという関係によってバランスを保とうとする自然界の仕組みによるものであること

表 4-17　観察結果からわかったことを話し合う場面

C1　：田んぼには水の中から飛んでくるカを食べる生き物がきて，カは幼虫で過ごすので，田んぼはなくてはならないものだと思いました。
C2　：田んぼのイネが成長していくのといっしょに生き物が増えているということから，この田んぼには生き物やイネにとっての栄養があるということがわかりました。
T　：田んぼのイネが成長することでまわりに生き物が増えているから，栄養を育むいい場所になるのではないかなということですね。具体的にはどうですか。
C3　：田んぼをつくることによって植物が増え，ボウフラが増えることでヤゴが増えたり，トンボの種類が増えたり，いろんな生き物が増えました。
T　：C2 さんが言ったことを具体的に説明してくれました。
　　　生き物が増えて，それを食べる生き物が増えるということですね。
C4　：田んぼをつくることによって田んぼにしか来ない虫が来るようになって，去年より虫が増えたと思います。
C5　：クモの巣が実のなる森のところで巣を張っていました。
T　：クモの巣が張るということは，そこで食べるものが増えているということ。田んぼが増えたり実のなる森に草が増えたりして生き物が増えたということですね。
C5　：ボウフラやアカムシも子孫を残そうと必死だから，カが嫌いだからといって殺してはいけない。でも，大量発生してもいけないし絶滅してはいけないと思うので，バランスが大事だと思います。
C6　：「食物連鎖」って言わな。（と促す）
T　：こういうことにも当てはまりますね。背の高い草もうっそうとしてきたら歩きにくいけど，全部取り除くのではなく，バランスが大事ということですね。
C7　：食物連鎖があることが大事ということです。
C8　：食物連鎖，ボウフラはヤゴに食べられて，ヤゴはクモに食べられて，クモやヤゴが成長したトンボは。
C6　：鳥に食べられると続くのが食物連鎖。

写真 19　観察結果からわかったこと（板書）

第 4 章――環境教育の実践　　109

を理解していった。ワークシートの中にも「田んぼをつくることによって植物が増え、ミジンコが増え、ボウフラが来て、ヤゴが増え、トンボの種類が増えたりアブやハチが田んぼのまわりをぐるぐる回ったりと、去年よりいろいろな生き物が集まってきた。普通の農家のように農薬をまいたりしたら生き物は増えなかったと思う」、「田んぼや実のなる森は生き物の一生を支える大切な場所。これからも生き物がたくさん集まる場所としてあってほしい」、「私たちが嫌いといっている生き物も、私たちが生きるのに重要なもの」、「これからも田んぼがあることでまだ知らない生き物がくると思う。田んぼをつくってよかった」という記述が認められた。こうして子どもたちは生物の多様性や関係性が保持された環境の重要性に気付き、ミニ田んぼを整備しイネを栽培した自分たちの行為を価値あるものととらえていった。

6）生物多様性保全のために自分たちにできることを考え、実践しよう

　そうした時期に、ゲストティーチャー[6]から生物は互いに食物連鎖でつながり自然生態系のバランスを保ちながら生存していること、その中で植物や土壌生物の役割が大きいこと、我々ヒトは生物多様性の恩恵を受けて生存できているにもかかわらず、多くの生物を絶滅させたり絶滅の危機に追い込んだりしていることなどを学んだ。加えて、多くの人々が生物多様性保全のために行動することの重要性について学び、自分たちにもできることを考え実践する必要性を子どもたちは痛感した。授業後の給食時間中にゲストティーチャーから試食を勧められたイナゴの佃煮を食したことや家庭科の時間に自分たちで育てた米を試食できたことが、その思いを強くさせたものと考えられる。S児の「ぼくたちは、いろいろな生き物から命をもらって生きている。だからこそ、感謝しようと思った」というように、生物はヒトの生存基盤となっていることを実感した内容が学習後の感想に多数認められた。

　そこで、授業者は環境省が提示する「地球のいのちつないでいこう」の内容を参考に、「Action1　生物多様性にふれよう」、「Action2　生物多様性をまもろう」、「Action3　生物多様性をつたえよう」の中から、次に自分たちが取り組むべきことを子どもたちが考えられるようにした。子どもたちは、ミニ田んぼを整備し、生物調査をしてきた自分たちが次にすべきことは、生

物多様性保全の重要性を身近な人に伝えることだと考え，まずは自分たちが学習した内容を参観日に保護者を対象に発表することにした。

　まず個人で発表内容を考え，同じような考えをもつ者どうしのグループを編成してテーマを絞り込み，ミニ田んぼとその周辺環境における生物調査の結果や生物の食う食われるという関係，生態系や食物連鎖の意味，野生生物の絶滅の現状などについて発表することに決定した。次に，学習したことやインターネットなどで新たに得た情報をもとに図や表を組み入れて発表内容をまとめ，プレゼンテーション資料の作成に取り組んだ。資料の整理，発表原稿の作成，プレゼンテーションの作成について役割分担して作業を進めたのち，みんなで練り上げてより完成度の高い内容にしていった。食物連鎖の意味について説明するのに，自分たちで作製したアニメ画像を取り入れるなどの工夫が認められた。

　参観日の当日は，グループごとに発表を行い，評価シートを用いてお互いに評価し合うとともに保護者にも評価していただいた。「食物連鎖について可愛いイラストを使い説明されてわかりやすかった」，「絶滅危惧種についてグラフ化しているところがよいアイデアだと思った」，「人以外の生き物がいることの大切さを改めて知った」などの評価を得て，自分たちの発表内容が他者に伝わったことの喜びを感じてこの学習を終えた（写真20）。

写真20　学習の成果を保護者に報告する

(4) 実践を終えて

　事後調査を実施した結果，生物の観察経験が「ある」とする子どもは事前の 17 人から事後には 29 人全員に，採集経験者は事前の 12 人から 27 人に増加した。生物の観察活動に対する好き嫌いについては，「好き」と回答する子どもは事前の 15 人から 24 人に増加した（図 4-22）。「好き」の理由としては，「生き物には人と同じ命があるから」，「自然の中でどうやって生きているのか知りたいから」など，自分たちと同じ生命あるものとしての存在に興味・関心を高めた内容や「前までは，トンボやヤゴなどに触ったことがなく触れなかったけど，この授業が始まってからいろんな生き物に触ってみようという気持ちになった」など，生物に対する嫌悪感を和らげられたという内容も認められた。しかし，依然として生物の観察活動が「少し嫌い」とする 4 名は，その理由に，「毒をもっている虫もいるから」，「攻撃してくる虫もいるから」などをあげている。

　「ミニ田んぼやその周辺の環境で起こっている『命のつながり』について知っていることを教えてください。言葉や図でかいてください」と尋ねた結果，「ミニ田んぼでボウフラ，ヤゴ，アカムシが増えて，やがて成虫になってカになるとクモに食べられる。トンボになったら鳥に食べられる。そして，カを食べたクモもいろいろな生き物に食べられてしまう」など，観察事実にもとづいて生物の食う食われるという関係について記述している子どもが 29 人中 24 人認められた。あとの 5 名は，チョウが卵から成虫に成長していくという生命の連続性にかかわる内容を記述している。

　表 4-18 は，「まだ知らない人に，ミニ田んぼと実のなる森について知らせたいことは」に続く言葉を自由記述式で尋ねた結果である。

図 4-22　生物の観察活動に対する好き嫌い

表4-18　ミニ田んぼと実のなる森について知らせたいこと

内容	記述数	記述例
食う食われるという関係 （命のつながり）	16	・ミニ田んぼや実のなる森にはたくさんの種類の生き物がいて，私たちが勉強したり家に帰ったりしている間も食物連鎖を繰り返している。そのつながりがなくなると，人間は生きていけない。 ・この学校のミニ田んぼや実のなる森には，命がいっぱいあって，みんなつながっていること。
ミニ田んぼとその周辺環境の価値	7	・ミニ田んぼをつくることによって，虫の住処や環境が変わる。ミニ田んぼや実のなる森があることによって命がたくさん生まれるということ。 ・一人一人が協力してミニ田んぼや実のなる森のように自然豊かな場所をつくってほしい。
生物と触れ合うことの意義	4	・ミニ田んぼや実のなる森に来て，いろんな生き物に触れ合ってほしい。 ・いろんな生き物のことを知ったりつかまえたりするのは楽しいよ！
注意事項	2	・ミニ田んぼに入ってお米に触らないこと。

　生物の食う食われるという関係は子どもたちにとって印象深いものであり，生命の営みの巧みさに感動を覚えた内容であったため，「ミニ田んぼや実のなる森にはたくさんの種類の生き物がいて，私たちが勉強したり家に帰ったりしている間も食物連鎖を繰り返している。そのつながりがなくなると人間は生きていけない」というような記述が16認められた。他に，「ミニ田んぼをつくることによって，虫の住処や環境が変わる。ミニ田んぼや実のなる森があることによって生き物が増える」など，新たな環境整備の意義や自然環境の価値に関する記述などがある。

　そうした見方・考え方が，第6次において生物多様性保全に関して自分たちにできることを考える場面で，ミニ田んぼにおける食物連鎖，生態系，絶滅危惧種について他者に伝えたいと要望したことにつながったものと考えられる。

第6学年　守り育てよう！　学校の豊かな自然

(1)　単元設定のねらい

　子どもたちは，第4・5学年の理科や総合的な学習の時間の学習を通して，多様な生物が食う食われるという関係などで互いにつながりあっている環境を保全する重要性を学び，それを他者に伝える活動をしてきた。第6学年を迎えた際には，自分たちが卒業してからも学校内の自然環境が保全されるために，他学年にもその大切さや自然と触れ合うことの楽しさを伝えたいと要望するようになっていた。

　こうした実態を踏まえ，まず，自然環境を保全するために自分たちの身近でできることに取り組む必要性を確認する。次に，子どもたちのアイデアを尊重した話し合い活動を重視し，彼らが主体となって行動計画を立案し実行できるようにする。実際の行動場面では，推進チームを編成して具体的な行動計画を立案したり個々人の役割を明確にしたりして，主体的な実践活動となるようにしたいと考えた。

(2)　単元の目標と流れ

───── 守り育てよう！　学校の豊かな自然 ─────

（全15時間　総合的な学習の時間）

　我々は環境問題の当事者であることを自覚し，生物多様性や生態系を保全するために自分たちの身近でできることに取り組む必要性を理解する。その認識のもとに具体的な取組内容や行動計画を考え，計画に従って他者と協力しながら実践しようとする態度を育成する。

1　生物多様性や生態系を保全するために，自分たちの身近でできることを考えよう　　　　　　　　　　　　　　　　　　　（総合　1時間）
　・国語の単元「イースター島にはなぜ自然がないのか」や「学校のよ

さを宣伝しよう」の学習を想起し，ヒトと自然との関係を考える。

・学校内の自然環境を保全するために，自分たちにできることについて話し合う。

2　学校内の自然環境を保全するための行動計画を立てよう

（総合　3時間）

・自分で企画したいテーマを選択，決定する。

・各自が考えた取組項目の中から，優先順位をつけて1〜2項目を絞りこみ，取り組む順番を考える。

・推進チームを編成し，具体的な取組内容や方法，行動計画を考え，全体で意見交流する。

3　計画に従って，活動を進めよう　　　　　　　（総合　10時間）

・行動計画に従って活動を進める。

・行動計画に従って活動を進められているか，点検，評価し，改善する。

4　活動を振り返ろう（アンケートへの回答から）　（総合　1時間）

・単元全体を振り返り，取組の成果と個人や学級集団としての成長を確認し，これからの学習や生活のあり方を考える。

＊　枠内の「総合」は，総合的な学習の時間を示す。

(3)　授業の実際

1）生物多様性や生態系を保全するために，自分たちの身近でできることを考えよう

　授業者は，子どもたちが国語の単元「イースター島にはなぜ森林がないのか」の学習内容を想起し，生物多様性や生態系を破壊する行為は人間自身も滅ぼす事態を招くことを再確認できるようにした。そのうえで，自分たちにできることを実践する必要性に気付けるようにした。

　次に，国語の単元「学校のよさを宣伝しよう」の学習の中で，「実のなる森」（以下，実のなる森）やその周辺の草地などの自然環境を「学校のよさ」としてあげた子が他学級に比べて多かった理由を考えるようにした。子ども

たちは，生物の観察等を通して自然環境とのかかわりを深めてきた活動を振り返り，学校内の自然環境を保全するには，その必要性を伝えるだけではなく，他の人々も体験を通してそれを感じてもらうこと，またそうした活動がしやすい環境を整備する必要があることに気付き出した。

そこで，授業者は，「みなさんのように実のなる森やその周りによく出かけ，生き物と触れ合った人ばかりではありません。必要ないと思っている人もいるかも知れません。そんな人たちの考えでなくなってしまう恐れもあります。そうならないように，自分たちにできることは何か考えましょう」と投げかけた。

話し合いの結果，「ふれあおう」，「伝えよう」，「学ぼう」，「守ろう」を活動テーマにすることに決め，それらに関してどのような方法で進めればよいか個人で考え，アイデアを出し合って集約していった。図4-23は，その内容である。

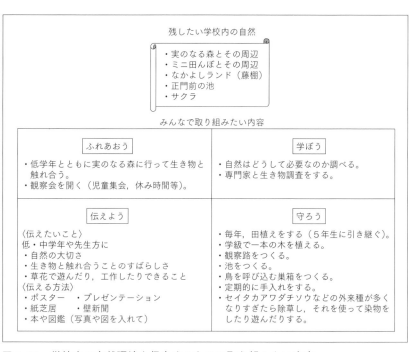

図4-23 学校内の自然環境を保全するために取り組みたい内容

表4-19　企画するテーマとその選択理由

企画するテーマ	選択理由
ふれあおう	・草や木に触れ合ってもらって，そこで新しい発見をしてもらって，自然はこんなに大切なんだと知ってもらいたい。 ・触れ合ったら，生き物の名前がわかるようになる。
伝えよう	・自然がないと，この地球が大変なことになるという自然の重要さを知ってほしいから。自然があることによって，私たちがどれほど幸せな生活をしているか知ってほしい。 ・5年生のときにパソコンでプレゼンしたらすごくわかりやすかったので，1年生にも自然の大切さを知らせたいから。
守ろう	・草やミニ田んぼがあるから生き物が生きていける。だから草やミニ田んぼを守りたい。 ・道をつくって観察しやすくしたり，鳥などを呼びこんだりして生き物がいっぱいいる所にしたい。
学ぼう	（他のテーマを企画するために学習したり指導者の企画により学習したりするため，選択しない）

2）学校内の自然環境を保全するための行動計画を立てよう

　具体的な行動計画を立案するための推進チームを編成した。「学ぼう」は全員ですることにし，「ふれあおう」，「伝えよう」，「守ろう」の中から企画したい理由を明確にしてテーマを選択・決定した（表4-19）。また，これらの活動を充実させるための「学ぼう」の活動にも並行して取り組むことを共通理解した。その後，推進チームに分かれ，みんなで考えた取組項目の中から1～2項目を選び出し，それらについて具体的な行動計画を立てた。

3）計画に従って，活動を進めよう

①1年生と生物の観察会

　「ふれあおう」の企画推進チームが，①司会者が観察会の目的と流れを知らせる，②自然の大切さを紙芝居で伝える，③実のなる森とその周辺で生物の観察と採集を行う，④野草を使った遊びを楽しむ，という順で観察会を進めていく計画をし，全員で取り組むことにした。

　「6年生は1年生に楽しんでもらえるように頑張りますので，1年生は思う存分楽しんでください」という司会者の言葉に，「ハーイ」という1年生

54人の大きな声が教室に響き，観察会がスタートした。

　まず，動物たちが登場する紙芝居によって，1年生に自然の大切さを知らせた。「自然がないと，新しい空気がなくなって私たちは倒れてしまうんだよ，だから，自然を大切にしてね」などと呼びかけた（写真21）。

　いよいよ実のなる森での生物観察である。1年生8〜10人と6年生5人でグループを編成し，各グループの6年生の案内に従って樹木や野草，昆虫の観察，採集などを行った。6年生から樹木の名前や特徴を知らせてもらい，次は何について教えてもらえるのかと興味津々で森の中をめぐる1年生，ちぎったヨモギの葉の香りを嗅いで「すごい！　いいにおい」と笑顔をみせる1年生，6年生に手伝ってもらいながらツマグロヒョウモンやショウリョウバッタを採集しようとする1年生の姿などが見られた（写真22）。

　次は，草花遊びの時間である。この時間には，エノコログサで「つけひげ」をつくったり，「毛虫遊び」をしたりできることを知り，自分でもうまくできるようにと何度も繰り返し挑戦している1年生，6年生に負けまいとエノコログサでできた力士を操り「ネコジャラずもう」に真剣に取り組む1年生，ヨモギの葉などをすりつぶした汁で好きな絵を描いて楽しむ1年生の姿などが認められた（写真23・24）。

　こうして観察会を無事に終えたあと，1年生からもらった感謝状に目を通した6年生は，自分たちの活動が意義あるものであったことを実感し，満足感と成就感を得ていた（図4-24）。

写真21　紙芝居で自然の大切さを知らせる

写真22　1年生に樹木の特徴と名前を伝える

写真 23　草ずもうを楽しむ

写真 24　ヨモギの汁で絵を描く

6年生の感想の例

- 1年生の男子はみんな虫取りに夢中で，帽子でチョウを追いかけていました。バッタを手に持った1年生に，「この虫何？」と聞かれ，学習したことを活かして「ショウリョウバッタだよ」と返答することができました。その後もずっと，1年生は虫取りに夢中で，いろいろな種類の虫を捕まえて，自然のことをたくさん知れたと思います。
- 花の観察では女の子がとても喜んでくれました。観察会をまたしたいという気持ちが残ってくれてよかったと思います。いろいろな虫を取ってくる男の子たちは，その虫を可愛がっていました。そのときの一つ一つの表情がとても可愛かったです。
- 1年生から手紙をもらい，すっごく嬉しかったです。この活動によって，1年生が一つ下の学年に伝え，その学年がまた一つ下の学年に伝え，実のなる森がいつまでも守られたらいいなあと思っています。これからも活動を続け，僕らが企画している「図かん」を完成させたいです。

1年生の手紙の例

6年生のおにいちゃん，
おねえちゃんへ

- ゆびわをつくったり，ねこじゃらしでおすもうをしたり，しゅりけんをつくってもらったりしてありがとう。やすみじかんでもやるからね。
- はっぱのにおいをかぐのが，いちばんたのしかったし，ねこじゃらしのほんとうのなまえが「えのころぐさ」というのもしったよ。そのなかまがいろいろあるのもわかったよ。わたしもいっぱいおぼえたいです。
- いっしょにむしをつかまえてくれてありがとう。また，やすみじかんにもりにいくからね。いっしょにあそんでね。

図 4-24　観察会についての感想

②１年生と紙染め大会

　セイタカアワダチソウは外来種であるため，除去する対象である。しかし，ただ邪魔者扱いするだけでなく，その命と触れ合う方法はないかと考えたＫ児は，草木染の材料となることを図鑑で調べた。Ｋ児のアイデアで１年生と紙染めに挑戦することにした。

　子どもたちは，セイタカアワダチソウの葉や茎を煮出して紙染めに適した濃さになるよう予備実験を繰り返して染料液を準備した。当日は，染料液の横に材料のセイタカアワダチソウも机上に置いて，外来種の存在を意識してもらえるようにした。ヨウシュヤマゴボウの果実をすりつぶした液についても同様にした。

　紙染めが始まった。１年生は６年生の説明を聞きながら自分の好きな折り方で和紙を折りたたみ，その一部に２つの染料液をつけた。次に，ヨウシュヤマゴボウの液に触れないようにして（毒性があるため）どのような模様ができるのか想像しながら，ゆっくりと紙を広げた。

　もう一度やりたいという１年生の要望に応え，今度はそれぞれの染料液にレモンの絞り汁と重曹を混ぜて染めることにした。１年生は染料液がより鮮やかな色に変化する様子に，「うおー」と驚きの声をあげた。染め終わった和紙を６年生に見せると，「きれいな模様だね」，「かっこいいね」などと

写真25　６年生と紙染めを楽しむ１年生

写真26　世界でただ一つの模様ができたことに喜ぶ１年生

声をかけられ，1年生は世界でただ一つの模様ができた喜びに浸った（写真25・26）。

その姿は，S児の「今日の体験によって『楽しかった』と思ってもらえたことで，実のなる森が守られると思う。これからも実のなる森のことを知ってもらうために全力で活動を続けたい」という感想のように，6年生の次の活動への意欲を喚起した。

写真27　フォトフレームのプレゼントに喜ぶ1年生

その後，1年生が染めた紙を6年生がフォトフレームに加工し，1年生一人一人の写真を入れてプレゼントした（写真27）。

③タブレット端末を活用した「生き物図鑑」と「生き物説明版」の作成

観察会や紙染めによる「ふれあおう」の活動を通して，1年生には生物と触れ合うことの楽しさを感じとってもらうことができた。次に，他学年にも学校内に生息する生物にかかわる機会を増やしてもらえるよう「生き物図鑑」と「生き物説明板」を作成することにした。

図鑑などには，定期的に実のなる森に出かけて観察，記録してきた生物の中から，果樹，遊びなどに利用できる野草，採集可能な昆虫，外来種などを収録することに決定し（表4-20），タブレット端末を活用して作成すること

表4-20　「生き物図鑑」と「生き物説明板」に収録する主な生物

	収録する主な生物
植物	ザクロ，イチジク，タチアオイ，ヤエザクラ，ビワ，ハルジオン，エノコログサ，ヨモギ，セイタカアワダチソウ など
動物	モンシロチョウ，モンキチョウ，アゲハ，アオスジアゲハ，ヤマトシジミ，ツマグロヒョウモン，オンブバッタ，ショウリョウバッタ，シオカラトンボ，ウスバキトンボ，アシナガバチ，ナナホシテントウ など

写真28 「生き物図鑑」を作成する

にした。

企画を担当する子どもたちが，該当の生物の生態写真と生物名，その生物の特徴と遊びや生活における活用法などを図鑑に収録することを決め，全員で分担して作成し始めた。まず，二人一組となって話し合いながら作成し，次に，低学年にもわかりやすい表現となっているか，写真の大きさは適当かなど，利用しやすい内容となっているかどうかをグループや学級全体で点検，評価し，改善していくという活動を繰り返していった（写真28）。

　その後，分担してタブレット端末上で完成させた原稿をカラー印刷し，一つは「実のなる森　生き物図鑑」として冊子にまとめ，他学年に配布して活用してもらうことにした。もう一つは，一枚ずつラミネートして「生き物説明板」に仕上げて実のなる森の樹木付近に設置し，訪れた人々の生物への関心を高められるようにした（図4-25，図4-26）。

図4-25　「実のなる森　生き物図鑑」の例

図 4-26　実のなる森内に設置した「生き物説明板」の例

④ 観察路の整備と巣箱の設置

　自分たちが体験してきたように多くの人々に生物と触れ合ってもらえるようにするには，外来種のセイタカアワダチソウなどの草丈の高い野草の繁茂を抑えるなどして，実のなる森の中に人々を誘うことが重要だと考えた子どもたちは，観察路を整備することにした。

　企画を担当する子どもたちは，どこにどのように観察路を整備すればよいか授業者とともに森の中を測量し，図面に表した。植物の生育場所と観察路を区別するものとしては森の風景に馴染む丸太を敷くよう計画し，実際の整備は全員で行った（写真 29）。

　次に，整備された森により多くの野鳥が飛来するよう，巣箱を設置することにした。今までに観察した鳥の種類を確認し，それらをより多く呼び込む計画である。観察したヒヨドリやスズメの生態やそれらに合う巣箱の形状等について図鑑などで調べ，製作した。完成した巣箱を設置し，今まで以上に鳥が飛来することを期待してこの学習を終えた。

写真 29　観察路の整備をする

⑷ 実践を終えて

　この学習をして「よかったなあ！」と思うと全員が回答した。その理由としては、「私たちの活動で、今まで守り続けられた実のなる森を 1 年生が守ると言ってくれた」という学校内の自然環境の保全のために役立てたという有用感（13 人）、「自然の大切さを知り、これからも自然を守らなければならないと思えたから」などという自然に対する価値観が変容したという記述（9 人）、「生き物の観察をして生態系やミニ田んぼのことを学べたから」という体験を通した知識の増加に関する記述（8 人）が認められ、満足感を得ていることが伺えた。

　生物の観察、採集及び生物を題材にした遊びに対する好き嫌いについては、29 人中 26 人が「好き」と回答し、その理由としては「生き物の生態を知れるとワクワクする」、「生き物の様子がどのように変わったかが面白いから」というように、生物の生態への興味・関心を示す記述が大半を占めた。次に、「遊びながら学ぶことができる」というような遊びの意義を実感した内容が続いた。いっぽう、否定的な反応を示した者の中には、「生き物の様子を調べるのはいいけれど、生き物を遊びに使いたくない」と生物を愛護する気持ちを表した記述が認められた。

　学習を通して子どもたちの自然環境に対する見方・考え方にどのような変化がみられるのか、「この学習をする前に比べて、自分なりに変わったなあと思うことは何ですか、どんなことでもかまいません」と自由記述式で尋ねた。その結果、「自然の大切さ、必要性」、「環境保全の重要性」に関する記述が大半を占めた。その内容には、「自然を残すことでどんなによいこと、必要なことがあるかと考えるようになった」という価値観の変容を表したものや「人間にとって大事な自然を、人間の手で守っていきたい」と環境保全への行動化の重要性に気付いた記述が認められた（表 4–21）。

　こうした生物多様性や生態系の保全に関する知識の習得だけでなく実際の行動化に導く学習をした成果は、ミニ田んぼや実のなる森について他学年に知らせたいこととして「生物の多様性、関係性」、「観察を通した生物の理解」、「環境保全への取組の重要性」、「自然の恩恵」などに関する内容を記述

していることにも認められた（表 4-22）。

表 4-21　この学習をする前と比べて，自分なりに変わったなあと思うこと

内容	記述数	記述例
自然の大切さ，必要性	15	・自然はどれだけ身近で大切なものかわかった。自分たちの生活は，全部，自然に支えられているということがわかった。 ・自然を残すことで，どんなよいこと，必要なことがあるかと考えるようになった。
環境保全の重要性	14	・人間にとって大事な自然を，人間の手で守っていきたい。 ・そこらへんにたくさん生えている草も虫の住処や食料になる大切なものだから，ある程度は残した方がいい。
生物への興味・関心の高まり	6	・虫は嫌いだったけど，観察すると面白いことがたくさんあったから，好きになった。 ・1 年生と一緒に触れ合うにつれて，花の名前などを発見できた。

表 4-22　ミニ田んぼや実のなる森について他学年に知らせたいこと

内容	記述数	記述例
生物の多様性，関係性	11	・ミニ田んぼや実のなる森にはたくさんの生き物が来て，たくさんの花や草も咲いて自然のことがよくわかるということ。 ・草を抜きすぎるというイタズラはしないでほしい。草は虫の家のようなものだということも知らせたい。
観察を通した生物の理解	11	・たくさんの虫や草などと触れ合い，観察などして，ミニ田んぼや実のなる森のことをたくさん知ってほしい。 ・これからもよく観察して生き物のことをもっともっと知ってほしい。虫などが来たら，どんな虫かチェックして図鑑などで調べてほしい。
環境保全への取組の重要性	6	・どうしてミニ田んぼや実のなる森を残さないといけないのか，残すとどんないいことがあるのかを知らせたい。 ・ミニ田んぼや実のなる森は自然のことが良くわかるし，いい所なので，次はあなたたちが守ってほしい。
自然の恩恵	5	・自然がとても大切だということです。まず，自然がないと生きていけないし，自分たちの生活は全部，自然に支えられているということ（家とかも木でできている）。
イネの成長過程	3	・どのように米ができているのか，どうやって成長していくのかを知ってほしい。

(1)　単元設定のねらい

　子どもたちは，第5学年において省エネ・省資源などの環境保全活動に取り組んできており，環境問題への関心が高く，34人全員が今後も環境問題について「知りたい」としている。「地球温暖化」（21人）と「森林破壊」（20人）への関心が高く，「環境を守るために実際にしていること」として，全員が「省エネ」に関する内容を，29人が「省ごみ・省資源」に関する内容をあげている。それらに対して，自然環境の保全に関する内容は11人にとどまっていた。

　樹木については，この一年間に樹木を観察した経験が「ある」とするのは34人中25人，「興味がなかった」，「面倒くさい」などを理由に「ない」とする子が9人である。校庭に植えられている樹木の名前を「1～2本知っている」は21人，「3～4本知っている」は6人，「5本以上知っている」は7人で，樹木の名前を調べたことがあるのは11人と半数に満たないことがわかった。

　こうした実態を踏まえ，校庭の樹木を題材にした観察，実験，調査などの体験活動を通して，樹木への関心を高めるとともに我々は樹木の恩恵を受けて生活していることを実感できるようにする。その認識のもとに，樹木や森林の保全のために自分たちの身近でできることを考え，実践しようとする態度を育成したいと考えた。

(2)　単元の目標と流れ

――――――――― **樹木とわたし** ―――――――――

（全21時間　理科＋総合的な学習の時間）

　樹木を対象とした観察，実験，調査，遊びや製作活動を通して，樹木や森林は自分たちの生活基盤となっていることをとらえ，それらを保全

することの重要性を理解するとともに，樹木や森林を保全するために自分たちの身近でできることを考え，実践しようとする態度を育成する。

1　環境保全のための行動目標を決め，行動計画を立てよう

（総合　1時間）

・事前調査の結果などをもとに，行動目標を決める。
・行動目標を達成できるよう，具体的な取組項目や行動計画を考える。

2　観察やゲームを通して，自然環境の保全の大切さを学ぼう

（総合　1時間）

・観察やゲームを通して，生態系を保全することや樹木の多様性を保持することの重要性について学ぶ。

3　樹木とヒトや他の生物にはどのようなかかわりがあるのだろうか

（理科　5時間）

・観察，実験，資料収集を通して，樹木の蒸散作用，光合成，気温抑制効果，校庭の樹木10本が一年間に二酸化炭素を吸収する量について調べる。

4　樹木の特徴や名前を調べ，樹木プレートを作製しよう（総合　5時間）
・収集した資料やゲストティーチャーによる指導内容をもとにして，樹木プレートを作製する。

5　樹木の葉などを素材にした工作を1年生と楽しもう　（総合　6時間）
・ペア学年の1年生とともに公園に出かけて樹木の観察をする。
・ゲストティーチャーから樹木を材料にした工作を学び，その内容を1年生に伝えて一緒に工作を楽しむ。

6　みんなに活用してもらえる樹木マップを作製しよう　（総合　2時間）
・樹木マップを作製するために必要な資料を収集し，整理する。

7　これからの学習や生活のあり方を考えよう　（総合　1時間）
・学習を通して成長できたことを確認し，今後の生活のあり方を考える。

＊　枠内の「総合」は，総合的な学習の時間を示す。

(3) 授業の実際[7]

1) 環境保全のための行動目標を決め，行動計画を立てよう

　授業者は，子どもたちが環境問題と向き合い，自分にできることを考えて行動し続けることの重要性を理解できるよう，読み物教材『ハチドリのひとしずく　―いま，わたしにできること―』を提示した（図 4-27）。

　子どもたちは，ハチドリのとった行動について話し合い，環境を保全するには一人一人の取組だけでなく，他者と協力することの重要性に気付き，みんなで環境保全の取組を続けていくことを確認した。

　その後，授業者から提示された事前調査の結果を受けて，5 年生当初と比べて環境問題への関心が高まり，省エネ・省資源活動を継続できていることを確認し，互いの努力を認め合った。しかし，それらに対して自然環境の保全にかかわる行動の実施率は低いことから，それを 6 年生における重点課題と決めた。国語の単元「イースター島にはなぜ森林がないのか」の学習によって，人類が存続

> ハチドリのひとしずく
> 森が燃えていました
> 森の生き物たちはわれさきにと逃げていきました
> でもクリキンディという名のハチドリだけは行ったり来たり口ばしで水のしずくを一滴ずつ運んでは火の上に落としていきます
> 動物たちはそれを見て
> 「そんなことをしていったい何になるんだ」
> と笑います
> クリキンディはこう答えました
> 「私は，私にできることをしているだけ」

図 4-27 『ハチドリのひとしずく　―いま，わたしにできること―』の内容

するためには自然環境の保全が欠かせないことを理解したこともその決定に影響を与えたようだ。

　自然環境の保全につながる身近でできる内容として，他学年も校庭の樹木に興味・関心をもち，樹木を大切にする気持ちをもてるようにするために樹木プレートを作製することにした。また，その前提として，自分たちが樹木と触れ合ったり樹木が環境に果たす役割について調べたりする必要があることを確認した。次は，子どもたちが考えた自分たちにできる自然環境の保全に関する取組項目である。

- ○ 樹木を観察したり，樹木と触れ合ったりする。
- ○ 樹木の特徴や名前を調べ，樹木プレートを作製する。
- ○ 樹木を使った遊びや工作を楽しむ。
- ○ 樹木が環境に果たす役割を調べる。

先生と学習する。
専門家の話を聞く。

2）観察やゲームを通して，自然環境の保全の大切さを学ぼう

授業者は，子どもたちの体験を通して樹木について詳しく知りたいという要望を満たし，自然環境の保全を考えるうえで欠かせない「生態系」，「多様性」についての考えを深められるよう，ゲストティーチャー（以下，講師）[8]を招いて体験活動を展開できるようにした。

講師は，子どもたちに樹木に飛来する鳥が生活していくのに必要なものとして，空気の他に「水」，「食べ物」，「隠れ場所」，「生活空間」があることを考えさせたのち，生態系を構成する要素の一つでもなくなると生態系が崩れてしまうことを，ゲームを通して理解できるようにした（図4-28）。

子どもたちは，みんなで輪をつくったときは安定していたものの，一つでも要素が欠けると崩れてしまうことを実感した。「私たちや他の生き物にとって大切な水，食べ物，隠れ場所，生活空間のうちの一つでもなくなった

1　生物が生きていくうえで，空気はもちろん「水」，「食べ物」，「隠れ場所」，「生活空間」が必要であることを知る。

2　子ども一人一人が「水」，「食べ物」，「隠れ場所」，「生活空間」の4つの要素の役になるように並ぶ。

3　4人での輪，男子と女子それぞれの輪，全員で大きな輪というように，順に輪（生態系）をつくっていく。

4　前の人の肩をつかんで輪を縮め，膝を曲げて後ろの人の膝にのせる。

5　「水」の役の人が輪から離れる。

6　輪を縮め，「食べ物」の役の人が輪から離れる。

7　要素が一つでも欠けると輪が崩れることを確認する。

ゲームの様子

図4-28　ゲームの内容

りすると生態系がくずれ，私たちや他の生き物がすめなくなってしまうことがわかった。これからもこの4つを失わないよう守っていきたい」などの感想がワークシートに記されていた。

　ゲームの後，講師の指導を受けながら校庭の樹木を観察し，樹木には一つずつみんな特徴があり多様であることを理解した。また，「ビワが何かに食べられているね。これは鳥が食べたあとです。田んぼとかでは一本だけ植えてわざと鳥の餌になるようにし，田んぼや畑の作物を食べないようにしています」という講師の説明を聞き，ヒトと他の生物とのかかわり方についても考えを深めることができた。

3）樹木とヒトや他の生き物にはどのようなかかわりがあるのだろうか

　ゲームや観察を通して樹木には「生物の生息場所となる」という働きがあることを知った子どもたちは，他にどんな働きがあるのか，自分たちとどのようなかかわりがあるのかという問題意識をもち，資料を収集して調べた。その結果，「地球温暖化を防ぐ」，「豊かな水を育む」，「木材を生産する」，「風や砂，潮害を防ぐ」など，さまざまにあることを確認した。なかでも，「大気を浄化する」や「気温の上昇を抑える」は，自分たちの命に直結することだと受けとめ，実際に観察，実験で確かめたいと要望した。

　そこで，授業者は理科の単元「生物と環境」の学習において，観察，実験を通して樹木とヒトと他の生物とのかかわりの深さについて理解できるようにした。次は，その概要である。

　① 樹木は，葉に日光が当たっている時は空気中の二酸化炭素を取り入れ
　　ることを確かめる

　晴れた日の朝に，校庭の樹木10本を選定し，その枝先に息を数回吹き込んだ透明のポリエチレンの袋をかぶせ，約1時間後に袋の中の酸素と二酸化炭素の濃度を気体検知管で測定し，事前の数値と比較した。その結果，サザンカでは二酸化炭素が3.2％から0.3％に減少し，酸素が14.2％から21％に増加するなど，いずれの樹木についても，日光が当たったあとに二酸化炭素濃度が減少し，酸素濃度が増加していることを確認できた。その結果を受けて，子どもたちは「校庭の木の全体で，どれくらい二酸化炭素を

吸っているのだろうか」という新たな問題を設定した。

② 校庭の樹木が一年間に吸収する二酸化炭素の量を調べる

先と同様の樹木10本について，次のような手順でそれぞれの樹木が一年間に吸収する二酸化炭素の量を換算して調べ，環境問題と自分たちの日常生活とのかかわりについて考えるようにした。

a） 樹木を高木（3m以上）と中低木（3m未満）に分類し，高木では地面から約1.2mの高さで，中低木は根元で，幹の太さを巻き尺で測り，記録する（写真30）。

b） 「幹の太さ」と「葉の面積の合計」の関係を示した表（「こども葉っぱ判定士」事業パンフレットを参考に改変）を利用して，樹木一本が1年間に吸収する二酸化炭素の量を計算する。

c） 樹木が1年間に吸収する二酸化炭素の量を視覚的にとらえやすくするために，授業者が次の計算結果を提示する。

b）で求めた1年間の吸収量（質量）を体積に変換し，樹木が1年間に吸収する二酸化炭素の体積を求める。レジ袋（高密度ポリエチレン製買い物袋）一枚の製造から廃棄までに排出される二酸化炭素の量を90gとし，それを体積に換算すると44.8Lになるため，レジ袋一枚を燃焼する際に45L用ポリ袋一杯分と同じ体積の二酸化炭素を排出するとして，その何杯分になるか換算する[9]。

以上の観察，実験等を通して，樹木によって吸収する量に違いはあるものの，10本すべてをあわせると45L用ポリ袋の約200個分にあたる体積の二酸化炭素を吸収することを確認した。その結果から，樹木が環境に果たす役割が大きいことや自分たちの日常の生活活動が地球環境の悪化をもたらしていることを実感し，継続して環境保全活動に取り

写真30　樹木の高さと幹の太さを測定する

表 4-23　学習後の感想の例

> ・木がこんなにたくさんの二酸化炭素を吸っていたことを知ってびっくりした。「木を増やそう」という意味がまた一つわかった。こんなに木が二酸化炭素を吸い取っているのに，まだ二酸化炭素が減らないのは人間がいけないんだなあと思った。私たちの行動を変えなければならないと思った。
> ・話を聞いたり調べてみたりして，自分たちで二酸化炭素をたくさん出して，結局は木に頼ってしまっていると思う。森林伐採が進んでいるが，全部切ってしまえば二酸化炭素が全部残って，私たちが生きられなくなってしまう。だから，森林を増やさなくてはならない。このようなことを知って，学校でも木を植えていこうと，また，思うことができた。木に感謝する気持ちをもつことができた。

組むことの必要性を痛感していった（表 4-23）。

　その後，樹木を対象とした学習と並行して進めている省エネ・省資源活動を学校全体の活動に広げるため，グループに分かれて各教室に出向いて説明し協力を求めた。

③ 樹木が周囲の気温を下げる働きを調べる

　先の実験で樹木の枝先にかけたポリエチレンの袋に水滴がついていた事実から，樹木には蒸散作用があり，そのことによって周囲の気温が低くなることを知った子どもたちは，樹木の気温上昇抑制効果を確かめることにした。各グループに分かれ，先の調査と同様の 10 本の樹木について，樹下の地面，幹の 1.2 〜 1.5 m 付近，葉の茂った所の気温，それらとあわせて建物の影，運動場での気温を同時刻に測定し，比較した（図 4-29）。

図 4-29　気温の測定結果

　運動場の各地点は 34 〜 36 ℃，建物の影は 30 ℃を示したのに対して，クスノキの樹下の地面では 29.5 ℃，幹では 32 ℃，葉の茂った部分では 31 ℃というように，調べた樹木のすべてについて周りの空気の温度が低いことがわかった。子どもたちは日頃から樹下が涼しいことを感じていた

が，測定値となってその働きが明らかとなったことで，自分たちが樹木の恩恵を受けて暮らしていることを実感した。また，「命を守ってくれている樹木に恩返しをしなくてはならない」，「樹木のお世話になり続けるお礼として，もっと樹木について調べたり，樹木と遊んだりして触れ合いたい」という意見を交わし，これまで以上に樹木との体験活動を充実することにした。

　インターネット等を利用してどのような遊びがあるのか調べた結果，十分な情報が得られなかったため，国語の単元「依頼の手紙を書こう」で学習したことを活用して友達の家族に子ども時代の遊びを教えてもらうことにし，各家庭に依頼の手紙を出した。

　その結果，「木に登る」，「太い枝にロープをつるしてブランコ遊びをする」，「木の実でやじろべえやコマをつくる」，「夏は樹木の下に集まって涼み，風で葉がざわざわと鳴る音を楽しむ」，「剪定したあとのマツの葉で鎖を作ったり相撲をしたりする」など，さまざまな遊びを教えてもらった（表4-24）。それらの中から，安全でしかも低学年でもできる内容に絞り込み，実際の活動は，2学期に行うことにした。

表4-24　保護者に教えてもらった樹木を題材にした遊びの例（手紙より）

> 　近くの神社や学校には大きな木があり，雨の日は雨宿りをしたり，熱い夏は木陰で涼んだりしました。
> 　小枝が落ちていたときは，それを拾いパチンコを作ったり，砂場に山をつくって頂上に枝を立てて，倒さないように砂をどけていくゲームをしたりしました。また，大きな木の株を見付けると，年輪を数えたりしました。
> 　あと，男子は木登りや，ロープを引っかけてブランコにしたり，ぶら下がってターザンごっこをしたりしていました。小川に丸太で橋のような物を作ったりもしていました。
> 　夏になると，クヌギの木などにカブトムシやクワガタムシがやってくるので，林に行き，木の幹に砂糖水を塗ったあと，翌朝に砂糖水を吸いに来ている虫を捕まえました。
> 　実のなる樹木は，子ども達にとても人気がありました。私がよく食べていたのは木イチゴとグミの実です。どちらも，それほど大きな樹木ではありませんでしたが，細い枝に赤や黄色の実がたくさんなっていました。
> 　樹木は一年を通して様々な様子を見せてくれました。
> 　私たちは，樹木の葉の色や茂り方，色づいていく木の実を目の当りにして，季節を感じていたように思います。
> 　　　　　　　　　　　　　　　　　　　　　　　　　　　　　　　（原文のママ）

4）樹木の特徴や名前を調べ，樹木プレートを作製しよう

　子どもたちは，グループ毎に樹木プレートを作製する樹木を選定し，諸感覚を通して樹木の全体の形，葉，花，果実，幹肌などの様子を調べた。また，インターネットなどで樹木の名前やその由来，生活とのかかわりなどを調べ，それらの結果を図4-30のように記録していった。

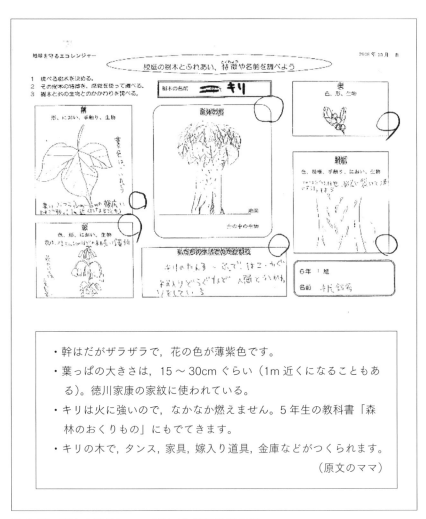

- ・幹はだがザラザラで，花の色が薄紫色です。
- ・葉っぱの大きさは，15〜30cmぐらい（1m近くになることもある）。徳川家康の家紋に使われている。
- ・キリは火に強いので，なかなか燃えません。5年生の教科書「森林のおくりもの」にもでてきます。
- ・キリの木で，タンス，家具，嫁入り道具，金庫などがつくられます。

（原文のママ）

図4-30　樹木の特徴について調べた学習記録の例

その後，他学年が「樹木と親しんでみたい」，「樹木のことをもっと知りたい」と思えるような樹木プレートとするためには，どのような観点をプレートに盛り込んでいけばよいのか講師[10]から指導を受け，その内容と自分たちが調べてきたことを整理して樹木プレートを完成させた（写真31）。

写真31　樹木プレートを設置する

5）樹木の葉などを素材にした工作を1年生と楽しもう

　活動当初は，自分たちだけで樹木の葉や枝，果実を材料に工作をする予定であったが，せっかくの機会を活かし，自分たちが学んだことを「ペア学年」の1年生に伝え，一緒に工作を楽しむことにした。

　まず，1年生と一緒に校区にある総合公園「千島公園」（11ha）に出かけ，校庭の樹木と比較しながら樹木を観察したり工作の材料を集めたりした。その後，講師の指導を受けながら樹木の枝や果実などを用いた壁掛け，ブローチ，マグネットなどの製作方法を習得し，その内容を1年生に伝え，一緒に工作を楽しんだ。子どもたちは，1年生が戸惑うことなく工作を楽しめるよう，自分たちが学んだことを丁寧に伝えていった（写真32）。

　学習後の感想には，樹木や1年生と触れ合うことの楽しさやその重要性に気付いた内容が記されている（表4-25）。

写真32　1年生と工作を楽しむ

表4-25　1年生と工作をして（学習後の感想例）

・1年生と一緒に工作をして，1年生が笑顔になるほど楽しかったことがよかった。
・木や木の実でこんなにすごいことができるんだと思った。なにげなく見ている木が，こんなに活用できるんだ！と思ったし，壁掛けやブローチ，マグネットにできるんだと思った。木に親しんで，新しい発見や木がすごいということを改めて感じることができた。
・木と触れ合い親しむことの楽しさが，こんなにもすばらしいものとは思っていなかった。また，木や木の実を使った工作をしたい。そして，妹にも教えてあげたい。

6）みんなに活用してもらえる樹木マップを作製しよう

　子どもたちは自分たちの計画に従って一つ一つの活動を着実に進めてきたことを成果としてとらえ，さらに工夫できることはないかと話し合った。その結果，他学年に樹木プレートを活用してもらうために，どこにどんな樹木が植栽されているかを知らせる樹木マップを作製することを計画した。授業者は，子どもたちが調べた情報をマップにするにあたって，長期間の使用に耐えるものとしたいと考え，専門業者に依頼することにした。

　その後，完成した樹木マップは樹木との触れ合い活動を導くようにと，学習園入り口に設置された（写真33）。子どもたちは，樹木マップと樹木プレートが設置された様子をみて，自分たちが学校全体のために活動できたことを喜びに感じていた。

7）これからの学習や生活のあり方を考えよう

　子どもたちは，「友達と話す時に，樹木のことが話題になるようになった」，「樹木が自分たちにとってどれだけ大事かがわかった」などと学習を振り返り，今後も，環境保全のために身近でできることに取り組む意欲を高めて，この学習を終えた。

写真33　完成した樹木マップ

⑷　実践を終えて

　事後では，全員がこの学習をして「よかったなあ！」と回答し，満足感を得ていることがわかった。その理由として，他学年に樹木の大切さを知らせることができたという有用感，樹木や環境問題に関する理解が深まったとする充実感，環境保全のための行動ができるようになったとする成長感に関する記述が多く認められた（表4-26）。体験を通して樹木について知り，その認識をもとにして行動した自分を肯定的に受け止めていることが伺える。

　「まだ樹木のことを知らない人に，樹木について知らせたいことは」に続く言葉を自由記述式で尋ねた結果，樹木が環境に果たす役割を知り，自分たちの生活と樹木との密接な関係を理解したうえで，自ら環境保全行動を行なってほしいという願いと直接経験を通して樹木と触れ合う楽しさを感じとってほしいという思いが記述されていた（表4-27）。

　観察，実験，調査，遊びや製作活動等の体験活動を重視した学習によって，子どもたちの樹木に対する見方・考え方が深まったといえる。

表 4-26　この活動をして「よかったなあ！」と思う理由

	記述数	記述例
有用感	15	・学校のほとんどの人に，樹木の大切さやエコの活動をすることの大切さを知らせることができたから。 ・樹木プレートなどをつくって，みんなに喜んでもらえたから。
充実感	15	・樹木と触れ合い，樹木のことをよく知れたから。 ・樹木の名前や大切さを知ったり，森林破壊や地球温暖化のことを知ったりできたから。
成長感	9	・森林破壊や地球温暖化は人ごとじゃなくて，自分も含めたみんなの問題だと知った。エコバックなどを使おうと思えるようになったから。 ・二酸化炭素を減らすエコの活動を知り，それを活かして家庭でもエコを実行できたから。
価値観	4	・私たちのせいで他の国の人たちが苦しんでいることを知れたので，自分たちがしたことをきっちり自覚できたから。 ・自然を守ることは自分たちを守ることだとわかったから。

表 4-27　樹木について知らせたいこと

内容	記述数	記述例
樹木が環境に果たす役割	14	・樹木は，私たちが出している二酸化炭素を吸って酸素を出して空気をきれいにしてくれることと，木の下（木陰）にいると木が水蒸気を出して涼しくしてくれることです。 ・樹木を大切にしないと，これからの地球が危険になり，自分たちの命があぶなくなること。
環境保全行動の促進	13	・今，森林破壊によって数多くの動物が絶滅寸前になっているから，その動物たちを助けるために，環境破壊をとめないといけない。自分たちにできることをしてほしい。それは，ごみの分別（リサイクル）とか。二酸化炭素を減らすために木と緑を増やすこと，花や木や草を植えたりすること。 ・木や花など増やしてくれたらいい。もし，植木鉢がなかったら，ペットボトルで植木鉢をつくったらエコにいいと思う。省エネやごみの分別をしたらいいと思う。
樹木との直接経験の重要性	10	・より多くの樹木と触れ合ってほしい。樹木の大切さがわかるから。 ・樹木のゲームや工作教室などをして，樹木と触れ合うことの楽しさを知ってほしい。
環境問題の現状	5	・このままの生活を続けると平均気温がどんどん上がり，日本も水没するところが出てくること。 ・二酸化炭素が増えることで，地球温暖化が進む。地球の温度が上がると動物も絶滅し，人間も生きていられないこと。

注
1) 授業実践にあたっては，次の方々の協力を得た。
　加藤洋子教諭　（大阪市立榎本小学校　当時）
　竹上美紀教諭　（大阪市立城東小学校　当時）
　富崎直志教諭　（大阪市立堀江小学校　当時）
　松田健吾教諭　（大阪市立鯰江東小学校　当時）
　金谷美夜子教諭（大阪市立泉尾東小学校　当時）
2) 生物の観察や採集活動については，有本智氏（海南市わんぱく公園　園長）と北村格一氏（株式会社地域環境計画）にご指導をいただいた。
3) 大阪市立自然史博物館に依頼した。
4) 生物調査については，有本智氏にご指導をいただいた。

5) 荻田昌司氏（JA 大阪市農業協同組合営農促進センター　センター長　当時）には，稲作に必要な作業や田植えの仕方についてご指導をいただいた。
6) 谷幸三氏（（社）淡水生物研究所理事　当時）にご指導をいただいた。
7) 「樹木とわたし」の実践については，その一部をすでに藤岡達也編著『環境教育と総合的な学習の時間』協同出版，p.158-162 において報告している。
8) 田中利男氏（（財）大阪府みどり公社環境部　大阪府地球温暖化防止活動推進センター専門員　当時）と谷口浩史氏（PLT 日本事務局　公認ファシリテーター　当時）には，ゲストティーチャーとしてご指導・ご助言をいただいた。
9) 「一本の木が一年間に吸収する二酸化炭素の量」を調べる学習では，大阪教育大学理科教育講座の石川聡子研究室の協力を得た。
10) 樹木の観察や樹木プレートの作製等については，石橋晃氏（シニア自然大学　当時）にご指導をいただいた。

付記

第 6 学年「守り育てよう！　学校の豊かな自然」の実践については，平成 25 年度科学研究費補助金（奨励研究　課題番号 25907034）を受けて遂行した。

第5章

都市の子どもと自然をつなぐ場をつくる

―学校ビオトープの整備と活用―

1　なぜ，また，学校ビオトープか

　子ども時代に望ましい自然環境とはどのようなものかを認識しておくことが，環境保全に主体的に取り組む人材へとつながるといわれる[1]。それを可能にするには，子どもたちの身近に生物のありのままの生活を観察できる場があり，第4章で提示したような学習を展開できることが期待される。しかし，大都市においては子どもたちが日常的に触れ合える自然環境は減少し続けている。

　そこで，学校内等に多様な生物が生息できる空間を整備し活用する「学校ビオトープ」（以下，学校ビオトープ）の展開を推進したい。生物が他の生物や環境とかかわり合いながら生命を連続させている様子を観察する体験を通して，子どもたちは自他の生命の大切さを実感し，生物多様性や生態系の保全への意欲と態度を育んでいく。欧米諸国では，ビオトープの保全・復元が人と自然とが共生できる環境づくりにつながると評価され，学校においても環境教育の一貫としてビオトープの整備，活用が進められてきた[2]。

　大阪市においては1998年度より学校ビオトープの取組が本格的に始まり，その中には，学校ビオトープの整備，活用によって子どもたちの生物との直接経験の機会が増え，生物に対する興味・関心の高まりや見方・考え方の深まりが認められる事例がある[3]。全国的にも多く展開され，子どもたちの生物に対する体験や認識に変容をもたらすなどの教育効果を上げている[4]。平成20年版及び29年版の小学校学習指導要領解説理科編において，体験的な学習の充実のために「学校に飼育舎やビオトープなどを設置し，その活用の充実を図る工夫が考えられる」[5]と提示されているのも，それらの効果が期待できるからだと考えられる。

2　ビオトープと学校ビオトープの基本的な考え方

　学校ビオトープの全国的な広がりの中で，本来その地域に生息しない生物や外来種の移入や放流により地域の生態系を破壊するような事例があると問題視されたり[6]，生物が生息する環境は容易に再現しうるのだという間違っ

た見解を植え付けかねないと懸念されたりしてきた[7]。筆者らが実施した調査においても生物多様性の観点から学校ビオトープの整備・維持管理方法に課題のある事例が認められた[8]。いまいちど，ビオトープと学校ビオトープの基本的な考え方を確認しておきたい。

(1) ビオトープとは

　ビオトープ（Biotop）とは，生物を意味するBioと場所を意味するTopとを合成したドイツ語で，直訳すれば「野生生物生息空間」「生態学的空間単位」であり，野生生物の生息可能な自然生態系が機能する空間を意味する[9]。貴重種のみの生存を目的とするのではなく，多様な生物種から構成される自然全体をひとまとまりとして保全・復元しようとするものである。そのため，その規模や環境条件によって多様な形態が考えられるが，その推進にあたっては，多様性と地域特性，持続性，循環，ビオトープネットワーク，人為からの保護・遮蔽，望ましい広さ・形状の確保に配慮する必要がある。

① 多様性と地域特性

　自然が豊かであるということは，それぞれの地域特性の中で多様な生物が生息していることを意味する。そのため，ビオトープを整備する際は，地域の多様な野生生物の生息場所として保全・復元するようにする。多様性を確保するには，水域と陸域，草地と森林などの異なる環境が連続的に変化しているような場所，エコトーン（生態推移帯，移行帯）を整備する（図5-1）。

　複数の生息環境の境界領域であるエコトーンでは，それぞれの環境に生息する生物が共に利用できるため，多様な生物相が豊富に見られるようになる。特に水域と陸域とのエコトーンは強い生物の旺盛な繁殖を抑制した

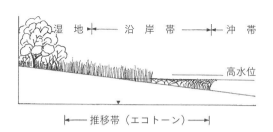

図5-1　エコトーン
（自然復元研究会編　桜井義男監修『自然復元特集③水辺ビオトープ―その基礎と事例―』信山社サイテック，1994より）

り，魚類などの産卵・繁殖の場となったりして重要な役割をもつ。

② 循環，持続性

　生態系では，食物連鎖や分解作用によって物質やエネルギーが生物間または生物と環境との間を常に動くことでバランスを保っている。ビオトープ内においては，人の手によらない土，水，植生，動物の連なりからなる循環によって自然な持続性，あるいはより豊かになる生息基盤を確保する。

③ ビオトープネットワーク

　生物の多くは摂食や産卵などの生殖行動のために広い範囲を移動するため，ビオトープのネットワーク化が必要になる。孤立したビオトープの個体群は，他の個体群との遺伝的交換がなく近親交配を重ねることで弱まり消滅することもある。孤立したビオトープを相互につなぐことによって地域全体のネットワーク化を図り，生物の移動や交流を確保することでそれぞれのビオトープの多様性も増すことになる。

　大阪市においては，生駒山系を中心に大規模都市公園等や，周辺の社寺林，近隣公園，都市の中に僅かに残された農地などとビオトープを緑の回廊で結ぶことで，より充実したビオトープネットワークを構成することができる。この意味で，適度な距離をおいて多数点在している学校園の存在価値は大きい。一つ一つは小さな場所であっても，それらが周辺の河川や緑地などとつながることによって，都市のビオトープネットワークが進むことになる（図5-2）。

④ 望ましい広さ・形状

　一般に野生生物は，種によってその生息生育に必要なビオトープのタイプや規模が異なる。また，多くの野生生物は，採餌，休憩，繁殖などの成長や健全な遺伝子を残すために多様で広範なビオトープのネットワークを必要とする。生物の多様性を確保するために，図5-3に示した6つの原則を踏まえることが最も効率的であることが明らかにされている[10]。

⑤ 人為からの保護・遮蔽

　自然生態系を保護するために，人による自然の利用を図る場所との間に緩衝帯を設け，人為的な影響を避けるようにする。そのことによって，人と他の生物との共存を図る。

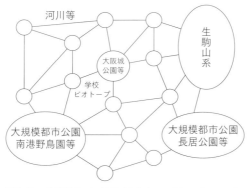

図5-2　大阪市におけるビオトープネットワーク
（大阪市教育センター・関西電力株式会社・株式会社
環境総合テクノス『学校ビオトープの整備・活用に関
する要領書』大阪市教育センター，2006より）

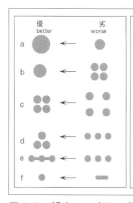

a）生物の生息空間はなるべく広い方が良い。

b）同面積なら分割された状態よりも一つの方が
　良い。

c）分割する場合には，分散させない方が良い。

d）線状に集合させるより，等間隔に集合させた
　方が良い。

e）不連続な生物空間は生態的回廊（コリドー）
　で繋げた方が良い。

f）生物空間の形態はできる限り丸い方が良い。

図5-3　望ましい広さ・形状の考え方
（左欄の図は，兵庫県都市住宅部公園緑地課さわやか県土づくり推進室『兵庫ビオ
トープ・プラン』財団法人　兵庫県環境科学技術センター，1995より）

⑵ 学校ビオトープとは

1）ビオトープと学校ビオトープ

　ビオトープとは，野生生物の生息可能な自然生態系が機能する空間を意味
するため，自然の復元にあたっては人の知恵と労力を必要とするが，復元後
は自然度を高めるために人の介入を避ける。

　それに対して，学校ビオトープは，復元後も人が介入する点においてその

性格を異にする。子どもたちや保護者，地域住民といった多くの人々が観察や遊びを通して自然の仕組みを学ぶ場としたり，災害時の避難場所として利用したりするなど，学校ビオトープの多面的な活用が考えられる。地域性，多様性，持続性などといったビオトープの基本的な考えに根ざしながらも，生物に配慮しながら，環境教育，心の教育，心のやすらぎを与える場として活用するところが学校ビオトープの考え方だといえる。

2）従来の学校緑化と学校ビオトープ

　従来の学校緑化では，景観面を重視して園芸種や他の地域の樹種を植えて定期的に剪定する，野草は「雑草」とみなし除草する，落ち葉は掃き集めてごみとして処分するといった方法がとられる傾向にあった。これらは，どちらかというと美観や緑の量を優先した緑化といえる。

　それに対して学校ビオトープは，いままでは「きたない」「じゃま」といった考えで排除されがちであった生物の生存をも視野に入れて自然を保全・復元していこうとするものである。それは，飼育，栽培を中心とした従来の学校園のあり方をも変えようとするものと考える。自分たちにとって都合のいい生物だけを選んで身近に生息させようとする考え方は，生物に対する差別的な視点を育てかねない。また，生物は自分たちが世話をしなければ生存できないものであり，自然は人間が管理・支配するものといった間違った考え方を形成する恐れもある。

　学校ビオトープは，すべての生物が共存できる多様性という自然の本質やあらゆる命の価値を尊重することの大切さを，子どもたちに気付かせることのできる空間である。

3）学校ビオトープの構成要素

　学校内を多様な生物が生息し，生態系としての機能を備えた空間にするために，地域や学校の環境に合わせて，樹林，草地，水辺などの環境を整備していく。

① 樹林，樹木園

　地域に生育する樹種を中心に，高

写真1　地域の樹種を中心に雑木林風に

表5-1　大阪市周辺でみられる樹林地の構成種

	高木種	低木種
コバノミツバツツジ－アカマツ群集	アカマツ, タムシバ, コナラ, リョウブ, ソヨゴ, タカノツメ, ネジキ, クロモジ, コシアブラなど	コバノミツバツツジ, アクシバ, アセビ, ナツハゼ, ツルリンドウ, シシガシラなど
アベマキ－コナラ群集	アベマキ, コナラ, ザイフリボク, ヤマコウバシ, リョウブ, エゴノキ, ノグルミ, ウリカエデ, クリ, ネジキ, ソヨゴ, タンナサワフタギ, アオハダなど	モチツツジ, ツクバネウツギ, アセビ, チゴユリ, シシガシラなど

木，中低木，下草などにわけるなどして，雑木林風に樹木を植え込む。虫や鳥が集まるもの，季節感のつかめるもの，生活に利用できるものなどで構成する。また，落葉・落枝の堆積場所を確保する（写真1）。

　整備予定地の既存木が学校ビオトープには相応しくないものであったり，記念樹など容易には伐採できないものであったりする場合，学校ビオトープへの適正に考慮して判断する。大阪市周辺で見られる樹林地の構成種には表5-1のようなものがある[11]。

② 草地，野草園

　学校敷地内の一角に野草が自由に育つ場を確保したり，樹木園の構成帯として除草することなく保持したりする。野草を食草や生息場所とする虫や小動物が集まってきて，植物の季節変化，自然放置区での遷移の様子，植物と動物との生物どうしのつながりなどの観察ができる。野草園の設置の趣旨がわかるように立て札や看板を設け，地域住民の理解を得ることも必要である（写真2）。

③ 水辺（池や流れ）

　水生植物が生え，多種類の水生生物が生息できる自然に近い水辺をつくる。水生植物の水辺から陸地への移行の順次性や淡水の小動物とプランクトンなどとの食物連鎖が観察で

写真2　草地の確保

写真3　岸辺に傾斜，水深を多様に

きるよう，エコトーン(生態推移帯，移行帯）や多孔質の空間（大小多数の隙間がある）をつくる（写真3）。人工的なコンクリート槽の場合も，元のコンクリートを土や石などで覆い，傾斜をなだらかにして改造できる。

④　いろいろな仕掛け

　生物は複雑で多様な空間をすみかや隠れ家に利用して生活している。丸太や木の枝を積み上げる，石を積み上げるなど，木切れや石を使ってさまざまなすき間のある多孔質空間をつくり，小動物が利用できるようにする（写真4・5・6）。

写真4　丸太や木の枝を積み上げる

写真5　石を積み上げる

写真6　落葉・落枝の堆積場所を確保する

上記の樹林・樹木園，草地・野草園，水辺（池や流れ）などを総合したものを設置することも考えたい。林状に植栽された樹木，樹下には落葉・落枝の堆積場所，野草，そして生態観察用の池があれば，多種類の陸生及び水生の生物が生息できる空間が形成される。日なた，日陰，湿地など環境の変化をもたせれば，それぞれの環境に応じて生物の種類が異なることや，同じ種類でも環境の変化にともなって形態や成長に違いのあることが観察できるようになる。

3　学校ビオトープを整備，活用するにあたって

⑴　ミニ環境アセスメントを実施する

　地域の生態系を考慮して学校ビオトープを整備するために，ミニ環境アセスメントを実施する。地域には昔どのような自然環境があったのか，現在はどのような自然環境が残されてどのような生物が生息生育しているのかを調べ，学校に誘致したい生物やそのための環境づくりの目標を決めていく。行政機関等によって実施された環境調査の結果を利用するとよい。

⑵　ミニ環境アセスメントからビオトープのつながりを考える

　ミニ環境アセスメントのデータを参考にして，誘致したい生物とその生物がすみやすい環境をどのように整備するのか考える。たとえば，近くに川があればその近くに水辺を整備することによってトンボを呼び込むことができる。公園や街路樹が隣接していれば樹林とのネットワークを図ることで，そこに生息する生物の移動を可能にして鳥などの生物を誘致できる。草地があれば野草園を整備することで昆虫類の飛来を可能にする。

　樹林型，野草中心型，池中心型などとあるビオトープのいずれを学校内に整備するか，学校や地域の環境とのつながりを考慮して決める。そのうえで，学校内においても一つ一つのビオトープの間に緑の回廊をつくり，ビオトープのネットワーク化を図る。図5-4は，学校と周辺環境とのつながりを重視した学校ビオトープの例である。

図 5-4　学校と周辺環境とのつながりを重視した学校ビオトープの例
（谷村載美『みんなで守り，育てる学校ビオトープ〜地域の自然の保全・復元・創出をめざして〜』大阪市教育委員会，2004 より）

⑶ 生物の移入・移植は慎重に

　生物は同じ種であっても地域が異なればその地域固有の遺伝的性質をもっている。他の地域の生物を移入・移植するとその地域の生態系を攪乱することになるため，性急な移入・移植を慎む。希少種の保全を目的にする場合はもちろんのこと，生物を移入・移植する際には，地域の自然の保全・復元というビオトープ本来の目的に合わせて地域性に留意する。動物については，学校ビオトープの整備後に自ら繁殖や休息場所を求めてやってくるのを待つ。植物については，もともとその地域に生育する植物を移植するようにする。表土採取や種子採取を行うことで採取地の自然環境を復元することができる。

⑷ 参加と協働で守り育てる学校ビオトープ

1）子どものアイデアを生かして整備，活用する

　学校ビオトープでは，計画，施工，維持管理，活用の一連の過程に，子どもたちのアイデアを取り入れて長期にわたって整備，活用していくことが大切である。自分たちのアイデアを実現するために力を合わせて活動すれば，自ずとビオトープへの関心が高まり，主体的な活動が展開される。環境教育の目標である行動化をめざす取組にもなる。その際，子どもたちのアイデアが生態系に配慮したものとなるよう，日頃から自然に対する豊かな感性を育み，自然の仕組みを理解できるようにしておくことが欠かせない。

2）保護者や地域住民の理解と協力を得る

　学校ビオトープの推進にあたって，保護者や地域住民の理解と協力が必要なことはいうまでもない。とりわけ，整備や維持管理にあたっての労力と知恵の提供が成否を握ることがある。それが，学校と保護者，地域住民の心の交流を深めることになり，開かれた学校づくりにつながった例が数多く認められる。また，美観を重視する傾向にある人々の意識を変え，学校内にビオトープの環境が存在する価値を理解してもらうことも必要である。たとえば，ビオトープに関する集会への参加を呼びかけたり，生物やそれにかかわる子どもたちの様子をまとめて学校新聞として発行したりする。また，看板に学校ビオトープの意義を示して保護者や地域住民の理解と協力を得ることも考えられる。

　さらに，学校ビオトープづくりへの参加を機に，地域の自然環境を見直し改善していこうとする意識を高めることも求められる。学校ビオトープづくりを通して，自分たちの手で自分たちが生活する地域を自然豊かなものにしていくことの大切さを理解してもらえるものと考える。

3）関係機関と連携する

　学校ビオトープの規模にもよるが，その設計，施工，維持管理などに関して，学校だけでは処理できない問題も起こる。そうした事態を踏まえて，専門的知識をもつ公共機関や市民団体などとの連携を図り，理念的，精神的な支援を受けていくことが大切である。また，整備に際して必要となる物資の入手についても公共機関や地元企業などから援助を受けることが考えられ

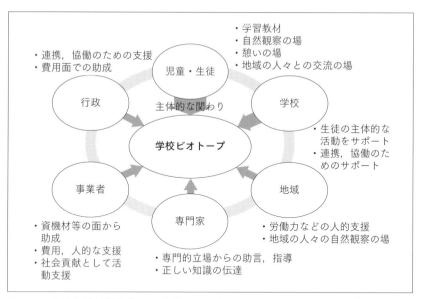

図 5-5　学校と関係機関等との連携のあり方
（大阪市教育センター・関西電力株式会社・株式会社環境総合テクノス『学校ビオトープの整備・活用に関する要領書』大阪市教育センター，2006 より）

る。学校ビオトープに対して何らかの支援をしたいという市民団体，公共機関，企業もあるので，それらとの連携を図ることを考えたい。

　こうした学校の努力に負うだけでなく，行政内の関連部局，専門機関，市民団体などが連携を図り，学校に対する総合的な支援体制を確立していくことが必要である（図 5-5）。

(5) さまざまな場面で活用する

　学校ビオトープが，生物にとっての生態的な生育の場だけでなく，生物にできるだけ配慮しながら，人々が自然と触れ合い，自然や命を大切にする豊かな心情を育む場，生物を媒体としたコミュニケーションを深める場となるよう多面的・継続的に活用することを勧めたい。その際には，地域の自然との関連を図った活動を行うなどして，人々の地域の自然に対する愛着の気持ちやそれを保全・復元しようとする意識を高めていくことが重要である。ま

た，次のような点に留意することが求められる。

1)「生物どうしのつながり」に着目して

　小学校段階では生態系概念の初歩の理解として，生物は生息環境や食べ物を通して互いにつながりをもって生活していることに気付けるようにする。平成20年版学習指導要領解説理科編は，生物どうしのつながりについての見方・考え方を育成することの必要性を強調し，平成29年版においても引き継がれている[12]。生物は生態系の中でつながりをもちながら生きていることを認識した子どもたちは，自分の行為が生態系にどのような影響を与えるかを考えて行動できるようになる。

2) 人と人との「つながり」を重視して

　学校ビオトープは，自然を媒体とした人々の心の交流を可能にする場でもある。子どもどうしはもちろん，子どもと大人，大人どうしの交流が深まるような活動の場を設定したい。たとえば，次のような展開が考えられる。

・異学年どうしのグループを編成し，そのグループで生物を観察したり生物を素材とした遊びをしたりする活動を通して，発見したことを発表し合う。
・近隣の幼稚園や保育所の子どもたちに学校ビオトープを開放し，小学生が案内役を務める。
・生物の生態観察に精通した地域住民をゲストティーチャーとして招き，生態観察を行う（写真7）。
・学校ビオトープの整備，活用に保護者や地域住民の参加と協力を得るようにし，一つのものをみんなでつくり育てる活動を通して，さまざまな意見交流ができるようにする。
・学校ビオトープを教職員の研修の場とする。
など

写真7　保護者や地域住民と行う生態観察

⑹ 長期にわたる整備，活用を

1）時間をかけた整備

　生物の多くが生活史の各段階で違った環境を要求するため，ビオトープを成功させるには複数の環境を用意して，その間の生物の移動を保障することが重要になる。これは，学校ビオトープにおいても同様であり，対象とする生物の餌と水とすみかを用意する必要がある。

　しかし，これらすべてを一挙に完備するのは容易なことではない。現在ある環境との関連を図りながら少しずつ整備していくとよい。たとえば，既存の樹木園に地域にある樹種を加えていく，その後，木陰ができる位置に池を造成する。あるいは，はじめは池だけを造成し，その後に池の周辺に樹木を植えるなどである。

　池や草地が生態的に安定し，周辺の環境となじむまでには少なくとも1・2年はかかり，樹林などはさらに数年はかかる。学校ビオトープでは，長い時間をかけて移り行く自然の遷移を見守りながら，それを教育活動に生かしていくという視点が重要になる。

2）維持管理も環境教育

　とはいえ，学校という限られた敷地内では，いつまでも自然の遷移に任せておくわけにはいかない面がある。ビオトープを放置しておくと，最終的にはその環境に最も適した一部の種が優先し，生物の多様性を維持することができなくなる。そこで，樹林などでは密生状態になった樹木は間引く，草刈りを行い草丈の異なる多様な草地にする，池では繁茂し過ぎた藻類や水生植物を除去するなど，人為的な撹乱や定期的な管理が必要となる。

　こうした活動を教職員だけで行うのではなく，生物調査などを通して子どもたちにもその必要性を理解できるようにし，一緒に活動することが望ましい（写真8）。

写真8　池のかいぼり前に行う生物調査

3）人材の育成

　学校ビオトープが存続し，それを活用した教育活動を継続して展開できるようにするには，全教職員の共通理解を図るとともに，推進役となる教職員を絶えず育成しておくことが大切である。これが十分に行われなかった場合，後任がいなくなった時点で取り壊される危険性があり，大きな損失となる。

⑺ 継続的な生物調査の実施と生物の教材化

　子どもたちが生物との直接経験を通して生物への愛着の気持ちを深め，生態系概念を形成していくには，指導者の適切な指導・助言が必要となる。指導者は，ビオトープに生息する生物の状況を常に把握し，それを教材化していくことができるよう，生物の同定や観察の視点及び生物を素材とした遊びなどに関する知識をある程度もっておくことが求められる。校内研修会によって情報交換を図るなど，子どもたちの自然体験をより豊かなものにしていく工夫が望まれる。また，学校ビオトープが地域の生態系のネットワーク形成につながるという観点から，学校ビオトープに生息する生物の生息状況や微気象の状況を継続的に観測し記録しておくことも必要である。

　研修会や生物調査の実施にあたっては，専門家や自然観察ボランティアなどの支援を受けることを考えたい。

4　学校ビオトープの活用例

　学校ビオトープをさまざまな教育活動に活用して，教育効果をあげている学校が認められる。それは，小学校から中学校，高等学校にも及ぶ。表5-2と表5-3は，入手し得た教科等における活用例をまとめたものである。

　教科においては，理科や生活科における生物の観察活動だけでなく，生物を題材にした詩や作文，絵，新聞づくりなどの表現活動も行われており，生物の営みに対する興味・関心を高める工夫が認められる。総合的な学習の時間においては，学校ビオトープの整備，維持管理，活用のいずれの段階においても，子どもたちのアイデアを活かした活動となるよう創意工夫がなされている。

表5-2　教科における学校ビオトープの活用例

校種	教科	学年	単元名	主な学習活動
小学校	生活	1	学校探検をしよう 生き物さがし 木の葉や木の実であそぼう ビオトープかるたづくり	・学校ビオトープを見学する。 ・学校内の生物の様子を観察する。 ・集めた木の葉や果実を使って表現する。 ・ビオトープで観察した生物の様子をカルタにまとめ，カルタとりをする。
		2	水辺にすむ生き物 春，夏，秋，冬をさがそう	・水辺の生物の様子を観察する。 ・季節による生物の様子の変化を調べる。
	理科	3	身近な自然の観察 こん虫の体と育ち 草花のつくりと育ち	・生物の大きさ，形，色の違いを調べたり，生物の生息環境を調べたりする。 ・昆虫の体のつくりと育ち方，生息環境を調べる。 ・野草の体のつくりと育ち方を調べる。
		4	季節と生き物のくらし 氷・水・水蒸気	・季節の変化とともに生物の活動の様子がどのように変化するか調べる。 ・生き物どうしのつながりを調べる。 ・自然界の水の変化や循環について調べる。
		5	イネの発芽，成長，結実 メダカの誕生	・イネの発芽，成長，結実とその条件について調べる。 ・メダカの発生や成長の様子を調べる。
		6	生物どうしのつながり ヒトとかんきょう	・魚とプランクトンとの関係を調べる。 ・魚の仲間の増やし方や生活の様子を調べる。 ・水を通したヒトと環境とのかかわりを調べる。
	国語	4	ビオトープ新聞 詩や作文を書く	・生物の生活の様子を新聞記事にする。 ・好きな表現方法で体験したことを詩や作文に表す。
	算数	6	ビオトープを測ろう	・ビオトープの縮図を描いたり面積や周囲の長さ，深さを測ったりして，案内板を作成する。
	社会	5	日本の農業（米作り） 田んぼビオトープの生物	・赤米のイネを使って農業を体験する。 ・校庭に整備した田んぼに飛来する生物の様子を調べる。
	音楽	4	音楽鑑賞	・「生命のいぶき」を植物やメダカたちを観察しながら聴く。
	図工	3 6	ざっそうと呼ばないで ビオトープの生き物たちをつくろう	・野草の特徴をとらえて絵に表現する。 ・紙の特性を生かし，ビオトープの生物を立体表現する。
	道徳	6	ビオトープを取り巻く自然と保護	・自然の大切さを知り，守ろうとする意識を高める。
中学校	理科	1	水・水生生物の観察	・水質調査，水生植物の種類を調べる。 ・プランクトンの種類を調べる。
	国語	3	俳句づくり	・自然を題材にして俳句をつくる。
	選択	2 3	水辺の生物 学校ビオトープの維持管理	・水辺の生物を観察する。 ・生物と環境とのかかわりを知り，維持管理を行う。
高等学校	生物	2 3	アオミドロ浸透圧実験 池の生態系（「生物の集団」）	・アオミドロの浸透圧を調べる。 ・抽水，沈水，浮葉植物の違いを調べる。 ・遷移の様子を観察する。

表5-3　総合的な学習の時間における学校ビオトープの活用例

	学習テーマ	主な学習活動	学年
計画・整備	トンボ池に自然をふやそう	・地域の水生植物を調べ，その結果をもとにトンボ池の環境整備を行う。	小3
	こんなビオトープならいいな	・ビオトープづくりを通して自然や生物とかかわる。	小5
整備後の観察・調査	あんな水，こんな水	・トンボ池とコンクリートでできた池の水質と生物の種類の違いを調べる。	小3
	生き物調査	・専門家の指導を受けながら生物調査を行い，季節による生物の様子の変化と生物どうしのつながりの変化を調べる。	小4
	伝えよう，命のつながり	・イネの成長にかかわりをもつ生物のつながりを調べる。	小5
	自然の小池調査	・池の生物調査を行い，生態系の多様さと自然のもつ力に気付く。	小6
	環境学習	・校庭のビオトープを中心に，地域の自然を調べることによって，地域を見直す。	中2
維持管理	ビオトープの環境づくり	・地域の生物を調べ，それをもとに池の環境を改善する。	小5
	ブルーギルの稚魚発見！　さあどうしよう－人と自然，これからのために－	・自然の生態系の仕組みを知り，それを守るにはどのようにすればいいのか考える。	小5
	ビオトープの改修計画案を考えよう	・さらに生物の生息しやすい環境にするためにはどのように改修すればよいか，専門家の指導を受けながら考え，実行する。	小5
	ビオトープのためにできることはないか考えよう	・生物の様子を調べ，どのような環境に改善するか考え，実行する。	小6
	ビオトープの維持管理	・ビオトープの環境及び貴重生物種の保全を行う。	中3
交流	ビオトープ開き　ビオトープ集会	・地域住民との交流。 ・ビオトープの改修計画について，これまでにかかわっていただいた保護者や地域住民と意見交流する。	小1〜6
	グリーンウォッチング	・保護者や地域住民とともに学校ビオトープと地域の自然環境を観察し，地域の自然を見直す。	

5　学校ビオトープを活用した環境教育の実践

　多くの時間と労力を費やして整備した学校ビオトープである。第4章で紹介した実践例などのように，子どもたちの生物に対する体験や認識に変容をもたらす場として継続して活用していきたい。しかし，整備後数年を経過すると「活用するための組織的，計画的取組がない」，「設置に関わった担当教員が在籍しなくなり，他教員の関心が低くなった」などの問題を抱えるようになる[13]。生物や生態系に対する知識の不足に不安を抱えている場合は，

専門的知識を有する地域の人材（以下，専門家）と連携して活用することを考えたい。

そこで，ここでは専門家と連携して実施した環境教育の実践[14]を紹介する。

第4学年　ビオトープの生き物のくらし

(1)　単元設定のねらい

実践校の学校ビオトープは，コナラ，ウリハダカエデなどが植栽された樹林とその中に整備された2つの池で構成されている。樹下には落葉・落枝が堆積したり草本が生育したりして，多様な生物が生息する環境となっていた。しかし，整備後数年が経過した頃には入り口に植栽した樹木が成長して見通しが悪くなっていたため，安全管理上の問題から子どもたちが立ち入れるのは理科などの授業時間のみとなっていた。その結果，第4学年の73人中，生物の観察経験者は34人，採集経験者は21人と直接経験が少ないことがわかった。経験がないと回答した子どもたちは，その理由に「見に行ってもおもしろくない」，「小さな生き物が嫌い」，「草が嫌い」などを挙げている。ビオトープに対する好き嫌いに関しても73人中20人が「どちらともいえない」と回答し，「あまり行ったことがないからよくわからない」をその理由にあげている。

そうした実態を踏まえ，まず，生物との直接経験を豊かにすることから授業を始め，生物とかかわる楽しさを味わえるようにする。次に，生物の活動の様子と季節とのかかわりや生物どうしのつながりについての理解を図る。そのうえで，水辺，樹林，草地などで構成された学校ビオトープの重要性に気付けるようにしたいと考えた。

⑵ 単元の目標と流れ

```
─────── ビオトープの生き物のくらし ───────
          （全14時間　理科＋総合的な学習の時間）
```

　生物の活動と季節の変化に着目して，それらを関係づけて継続して観察することによって，生物の成長は季節によって違いがあることや生物は食べ物や生息環境を通じて互いにつながりあって生きていることをとらえられるようにする。その認識のもとに，多様な生物が互いに関係しあって生活する自然環境の重要性を理解できるようにする。

1　ビオトープの生き物の様子を調べる計画を立てよう　（理科　1時間）
2　ビオト－プの生き物の様子は季節とともにどのように変化するのだろうか　　　　　　　　　　　　　　　　　　　（理科　9時間）
　・生物の活動と季節の変化に着目して，それらを関係づけて継続して観察し，記録する。
3　落ち葉と土と生き物にはどのようなつながりがあるのだろうか
　　　　　　　　　　　　　　　　　　（総合的な学習の時間　2時間）
　・ビオトープの樹下，運動場など，場所による土の色や固さ，生息する生物の違いを調べる。
　・落ち葉が堆積した場所の土の中に生息する土壌動物の様子を観察し，落ち葉と土と土壌動物とのつながりを考える。
4　生き物は一年間どのようにくらしてきたのだろうか　（理科　2時間）
　・観察記録をもとに，ビオトープの生物の様子が季節の変化とともにどのように変化してきたのかまとめる。
　・ビオトープを守り育てるために，自分たちにできることを考える。

⑶　授業の実際

1）春と比べて，生き物の様子はどのようになっているのだろうか

　子どもたちは，生物がどこで何をしているのかを観察し，「ビオトープ発見カード」に記録していった。いままでは生物に対する興味・関心が低かった子どもも，生物の様子を集中して観察するなかでさまざまな発見をしていく楽しさを感じとり，夏季休業中の水泳指導期間も生物の観察を続けるようになった。

　春に比べて夏には「アメンボの数が少なくなっていた」，「シオカラトンボのオスがメスを追いかけていた」，「メダカは，朝のうちはあまり動かない。晴れた日はよく動いている」，「木にクマゼミがとまって鳴いていた」などと生物の様子の変化について情報を共有し，それらの内容を「夏のビオトープマップ」にまとめていった。その結果から，子どもたちは天気や季節により生物の生活の様子が変化することに気付いていった。また，マップの全体をみることによって，生物はそれぞれに適した環境を選んで生息していることをとらえていった。

2）夏と比べて，生き物の様子はどのようになっているのだろうか

　秋の生物調査では，子どもたちの生物に対する興味・関心をさらに高めるとともに，確かな情報をもとに生物に対する見方・考え方を深めてほしいと願い，専門家[15]の指導を受けて生物調査を実施することにした。

　まず，子どもたちだけで水辺，樹林，草地に分かれ，生物がどこで何をしているのか，季節によってどのような変化があるのかを調べておき，専門家への質問事項を整理しておいた。自分たちだけで観察していく中で多くの疑問を抱いた子どもたちは，専門家と出会える日を楽しみにしていた。

　当日の生物調査は，池の中の生物を採取し，水槽の中に入れて調べることから始まった。何種類のヤゴが見つけられるか必死に探す子，サカマキガイなどの動きの少ない生物の様子をじっくりと観察する子など，自分の興味ある生物の観察と採集を楽しんだ。次に，採集した生物の名前や特徴について専門家に教えてもらい，「ビオトープ発見カード」に記録していった（表

5-4)。その後も，樹林，草地，池に分かれて生物調査を継続した（写真9）。

　生物調査の後，教室に移動し，専門家から質問への回答や解説をしてもらった。コオロギ，バッタ，カマキリなどの草地に生息する虫は草丈の高さで棲み分けをしていること，トンボとヤンマの体形の違いについてなど，自

表5-4　秋のビオトープの生物の様子（10月の「ビオトープ発見カード」から）

池	樹林	草地
・最近タニシをよくみかける。タニシは秋になると赤ちゃんを産むのかな。赤ちゃんがいた。 ・葉っぱの裏に必ずタニシがいる。 ・アメンボが最近ぜんぜんいない。 ・夏よりヤゴの数が多くなっていた。 ・メダカが前はいっぱいいたのに，一匹しかいなかった。 ・羽化した直後のアキアカネを見つけた。光に照らすと体が透けてみえる。 ・池の上でトンボが一匹も飛んでいない。	・ウリハダカエデの葉の色が緑から赤に変化していた。種がプロペラみたいに落ちた。上に投げたらまわりながら落ちていた。 ・夏は葉っぱがぜんぜん落ちていなかったけど，今は葉っぱがいっぱい落ちている。 ・夏よりもどんぐりがいっぱいあった。割れた中身はピーナッツみたい。 ・落ち葉の下にナメクジ発見。 ・ダンゴムシの抜け殻を見つけた。半分だけあった（お尻の方）。しっかりこまかく足もあった。 ・コオロギどうしが上にのっていて交尾していた。 ・キイロテントウムシが落ち葉の下にいた。 ・カタツムリの赤ちゃんがコナラの木の下にいた。 ・シロテンハナムグリの幼虫がクスノキの下にいた。	・草むらにショウリョウバッタとオンブバッタがいた。 ・夏には目立たなかったススキがたくさんあった。 ・バッタは草むらの中で夏はいっぱい飛んでいたけど，今は少ししかいない。 ・カルカヤを見つけた。表面がふわふわしていた。 ・クビキリギリスが飛んでいた。すごくはやかった。首がながかった。 ・アメリカセンダングサが，友達の背中にいっぱいついていた。

写真9　専門家の指導を受けながら生物を観察する

分たちだけでは知り得なかった生物の生態と体の特徴との関係，食べ物を通した生物どうしのつながり，環境に適合した成長や進化などについて解説してもらい，子どもたちはさらに詳しく生物の生態を調べたいという意欲を高めていった。「ダンゴムシの仲間のことがよくわかりました。今も学校に来てからダンゴムシの観察を続けています」，「あの40日で成虫になると教えてもらったウスバキトンボのことを昆虫図鑑で調べてみました。ウスバキトンボは，他のトンボより飛ぶ力がすごく強いそうです」など，その思いは専門家へのお礼の手紙に表れていた。

3）落ち葉と土と生き物にはどのようなつながりがあるのだろうか

　秋の生物調査によって生物と他の生物との食べ物を通したつながりに気付いた子どもの中に，ダンゴムシの餌は何かを調べたいとする者もいた。そこで，授業者は，長年落ち葉が堆積している場所が確保されたビオトープの特徴を生かして，土壌動物の存在とその意義に気付くことができるよう「落ち葉と土と生き物にはどのようなつながりがあるのだろうか」の学習を行うことにした。

　子どもたちは，樹林，運動場，学習園などの土を採取し，バットに広げてそれぞれの土の色，固さ，においなどを調べた。運動場と樹林の土との違いが顕著であり，樹林の土の方が黒くて柔らかく湿っていることをとらえた。また，運動場には生物はいないが樹林内の土には大型土壌動物がたくさんいることを見つけた。次に，「土や葉を食べる小さな虫がいると思う」，「大きい虫に食べられないように隠れたり葉の中に隠れたりする虫がいると思う」，「あたたかいので土の中にも生き物がもっといると思う」などと，土の中にはもっと小さな生物がいると予想し，調べることにした。また，なぜ，そうした環境に生活しているのかを考えた。生きていくためには水，食べ物，隠れ家，空気，棲みやすい場所がいるため，土の中は小さな生物にとってそれらが満たされた環境になっているからだと推測した。

　その後，授業者が自作した簡易ツルグレン装置で中型土壌動物を採取し，実体顕微鏡で観察した（写真10）。トビムシなど6種類もの中型土壌動物を見つけることができ，「少しの土の中でもたくさんの虫がいることがわかっ

採取場所による土のにおいの違いを
調べる

授業者が自作した簡
易ツルグレン装置

写真 10　土と土壌動物の様子を調べる

・自然の中で，死んだものが食べられ，食べたものがフンをして，もっと
　小さいものがフンをだし，それが土になってその養分を木が吸って，また，
　葉ができ，また，その葉を虫が
　食べたりしている。まるで「命
　のリレー」をしているようだ。
・生き物の全部がリレーをしてい
　る。それを人間の手でつぶして
　しまうと，生き物が増えたり，
　絶滅したりする。

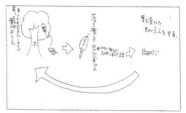

図 5-6　落ち葉と土と生き物とのつながりについて学んだこと

た」，「とった場所が違うと，そこにすむ虫の量も違う」などと記録した。

　さらに理解を深めるため，土壌動物の働きについて VTR「落ち葉のそう
じやさん」（NHK 放送）を視聴し，観察してきたこととあわせて落ち葉と土
と土壌動物のつながりをとらえていった。子どもたちは，自然の中では「命
のリレー」が行われていることや「それを人間の手でつぶしてしまうと，生
き物が増えたり，絶滅したりする」ことを学びとっていた（図 5-6）。

4）秋と比べて，生き物の様子はどのようになっているのだろうか

　冬のビオトープ調査を実施した。気温 0 ℃という寒い日であったため，
子どもたちは「こんなに寒かったらヤゴはもういないと思う」などと，秋に

比べると見つけられる生物が大幅に減少していると予想し，観察に出かけた。池には，厚さ5mmほどの氷が張っていた。そのため，予想は確信となりつつあった。

　しかし，氷をはがし池の中をのぞき込むと，動きが緩慢なヤゴやメダカを確認することができた。このことから，じっくり観察すれば生物の冬越しの様子をとらえられそうだという期待感が生まれ，観察活動への意欲が高まった。アメンボやタニシを探す子，アカメヤナギやコナラなどの冬芽を見つけた子，ススキの根が残っている姿に驚いた子，タンポポの葉が地面にはりつくように広がっているのを見つけた子など，冬ならではの生物の様子を発見していった（写真11・12）。

　ビオトープにおける生物調査が終了したのち，教室に移動し，子どもたちの質問に対して専門家に解説してもらった。専門家は，子どもたちが発表する冬のビオトープの観察結果に関連させながら生物の活動と季節とのかかわりについて理解を深められるよう解説した。また，池に堆積していた落ち葉が腐り異臭を出していた現象をとりあげ，「腐る」意味を知らせた。「腐るというのは，葉とか食べ物を土に返すというとても大事な働き。土に返すときにそういう働きをしてくれるのがミズムシやキノコの仲間，トビムシ，ヤスデ，ムカデ。腐るということをビオトープの生き物が助けている」という解説は，腐ることは悪いこととして意識している子どもたちにとって衝撃的であり，自然界のつながりの大切さを気付かせるものであった。

写真12　冬芽を観察する

写真11　池の生物の様子を観察する

5) ビオトープの生き物は一年間どのようにくらしてきたのだろうか

　ビオトープの一年間の変化を振り返った。空気の温度の変化とともに生物の活動や成長の様子がどのように変化してきたかを，「ビオトープ発見カード」の記録をもとに発表しあった。

　夏には，池の中，樹林などに多くの生物が生息していたこと，秋にはアメリカセンダングサ，オナモミなどが目立ち，それらを餌とするオンブバッタ，また，それを餌とするハラビロカマキリなどの昆虫を数多く見つけたこと，冬にはみかけられる生物の数が少なくなったことなど，季節によって姿を確認できる生物の種類や数が違うことをとらえた。また，夏は緑色を呈した樹木の葉の中には，秋を迎えると黄色や赤に変化して冬に枯れていくものがある一方で緑色のままの樹木もあること，秋に果実をつける樹木にはそれを餌とする鳥が飛んでくること，落葉したあとの冬に新しい芽を出している樹木があること，落ち葉を土に還す働きをする土壌動物をたくさん見つけたことなど，樹木の生活と季節とのかかわりをとらえた。

　こうしてビオトープの一年間を振り返り，子どもたちはさまざまな生物がそれぞれに適した場所に生息し，季節の変化にあわせて巧みに生活していることのすばらしさを感じとっていった。また，もっと暖かくなれば生物の様子がどのように変化するのか継続観察していく必要性を感じとった。さらに，生物によって幼虫から成虫になるまでに必要な日数が異なることを教えてもらった子の中には，トンボやタニシの寿命に興味・関心を示す者もいた。また，タニシやモノアラガイなどの生物や土壌動物の役割にみたように，生物は互いにつながりあって生きていて無駄なものはないこと，「腐る」ということの大切さなどの学習を想起し，多様な生物が生息している環境を今後も維持していくには，自分たちでビオトープの環境を守り育てる必要があると考えるようになった。実際の維持管理活動については，第5学年になってからあらためて話し合い，実践することにした。

⑷　実践を終えて

　生物の採集経験者は事前の21人から事後では64人に，「ビオトープが好

き」とする子は事前の 48 人から事後では 64 人に増加した。「好き」の理由
としては、「虫の一生が見られるし、木などのいろいろな変化がわかるか
ら」、「メダカなどは、人間と同じで生きていて大切だから」、「公園などでは
見られない生き物がいるから」など、多様な生物の営みが繰り広げられてい
るビオトープの意義に関する記述が多数認められた。

　また、「この学習をする前と比べて自分なりに変わったなと思うこと」と
して「虫を見つけたら、その虫の特徴やほかにどんな種類があるのか調べる
ようになった」、「木の切り株の下など、小さな場所でも、虫がいないかなあ
と生き物を探すようになった」などの生物に対する興味・関心の高まりに関
する記述が 50 と最も多く、次に、「生き物などが『かわいいなあ！』と思
うようになった。前はそんなこと思わなかったけど」などの生物に対する見
方・考え方の深化（32）、生物に関する知識の増加（29）、生物に対する直
接経験の増加（20）が続くことがわかった。生物との直接経験を通してさ
まざまな発見ができることを楽しみながら観察活動を行い、その結果として
生物に対する見方・考え方を深めたといえる。

　「まだビオトープを知らない人に、ビオトープについて知らせたいこと」
としては、「生物の多様性、関係性」（32）に関する記述数が最も多い。「さ
まざまな生き物がいます。春になると、ツバメもやってきます。夏から秋に
かけてトンボもたくさんいます。冬は少しさびしくなりますが、ヤゴがいま
す。これからのビオトープが楽しみです」、「木の葉が落ちて腐って土にもど
り、池に落ちた葉をサカマキガイやタニシが食べてくれる。ミミズも土の中
を動いて栄養のある土にしてくれるというように、いろいろな生き物がつな
がりあって生きています」という内容である。次に、「小さい自然だけど、
たくさんの虫や鳥などがいて、自然のことをよく知ることができます」など
の「生物に対する知識の増加」（12）に関する記述が続いた。「いろいろな
生き物がつながりあって生きています」、「ビオトープは、どこからか勝手に
虫とかが入って来るんだよ」、「僕たちが自然を大切にしないといけないな」
という生物に対する見方・考え方が深まった内容も認められた（表5-5）。

　ビオトープに対する理解が深まりつつあることは、設問「あなたの家のま
わりや公園の生き物とビオトープの生き物の様子を比べてください。違うな

と思うことがありますか」に対して，「家の周りや公園などは木が生い茂ったり池があったりしないから，虫の量が少ない。土が柔らかくない」，「ビオトープにはいろいろな植物がある」，「空気が違うような気がする」，「ビオ

表 5-5　ビオトープについて知らせたいこと

内容	記述数	記述例
生物の多様性，関係性	32	・さまざまな生き物がいます。春になると，ツバメもやってきます。夏から秋にかけてトンボもたくさんいます。冬は少しさびしくなりますが，ヤゴがいます。これからのビオトープが楽しみです。 ・木の葉が落ちて腐って土にもどり，池に落ちた葉をサカマキガイやタニシが食べてくれる。ミミズも土の中を動いて栄養のある土にしてくれるというように，いろいろな生き物がつながりあって生きています ・自然がいっぱいあるし，テントウムシやバッタ，トンボなどの昆虫もいっぱいいますよ。虫たちや木，花などのことをいっぱい調べられます。
生物に対する知識の増加	12	・小さい自然だけど，たくさんの虫や鳥などがいて，自然のことをよく知ることができます。 ・ビオトープには生き物や鳥などいろんなものが来て，いろんなことがわかります。いろんな植物や虫がいます。ビオトープのことを勉強していたら，虫や植物のことがよくわかります。
環境のよさ	9	・生き物など自然がいっぱいで空気はきれいでとてもいいところです。 ・自然あふれるきれいなところです。
楽しさの実感	8	・自然に生き物がいて，アメンボやメダカ，あとたくさんの種類の生き物がいます。とても自然があっておもしろい所です。 ・ビオトープには見たこともない生き物の成長がゆっくり見られるから，いろいろ知りたくなり，とても楽しいです。ビオトープを見てもらいたいなあ。 ・自然にアメンボやメダカがいるから楽しいんだよ。
生物に対する見方・考え方の深化	5	・いろいろな生き物がつながりあって生きています。 ・ビオトープは生き物のすむ場所で，決して遊び場ではありません。 ・ビオトープは，どこからか勝手に虫とかが入って来るんだよと教えてあげたい。 ・僕たちが自然を大切にしないといけないな。
生物に対する好感度	4	・生き物が嫌いでもだんだん好きになっていきます。 ・虫が嫌いな人でも，ビオトープを学んでいくと虫が好きになります。
生物との直接経験	3	・自然と直接触れ合うことができます。 ・植物や生き物がいっぱいいるので，触れ合えます。

トープの方が，生き物がのびのび生きている感じがする」などと，水辺，樹林，草地で構成された多様な生物の生息空間，ビオトープの意義を理解した内容を記述している。

第5学年　ビオトープの改修・拡張計画を立てよう

(1)　単元設定のねらい

　実践校では，学校ビオトープの整備後5年を経て，池の水深が浅くなったり池に架けた橋が老朽化したりするなど，さまざまな点で改修が必要になっていた。改修にあたっては，「野生生物の生息空間」というビオトープの考え方に立ち戻り，地域の生物が生息しやすい環境づくりを考えていくことにした。具体的な計画案づくりは，子ども，教職員，地域住民，専門家の協働で進めていくことにし，その中心的な役割を5年生が担うことになった。5年生の子どもたちは，学校ビオトープに生息する生物との直接経験を積み重ねてきているが，当然ながらビオトープ全体を改修・拡張するために必要な生物や生態系に関する豊富な知識は持ち得ていない。それは，教職員も同様であった。

　そこで，子どもたちのアイデアを生かしながら計画案を作成できるよう，改修・拡張計画段階でポイントとなる場面に，専門家からの指導・助言を求めることにした。

(2)　単元の目標と流れ

───── **ビオトープの改修・拡張計画を立てよう** ─────

（全30時間　総合的な学習の時間＋特別活動）

　ビオトープの基本的な考え方や改修にあたっての留意点について理解し，地域の生物が生息しやすい環境にすることを目的に，他者とかかわりながら既存のビオトープの改修計画について考え，表現するなどして

問題解決しようとする態度を育成する。

1 ビオトープのあり方を学び，どのように改修していけばよいか考え
 よう　　　　　　　　　　　　　　　　　　　　　　　　（総合　4時間）
 ・専門家から学んだビオトープの基本的な考え方をもとに，生物が生
  息しやすい環境にするためには，どのように改修していけばよいの
  か各自で考え，話し合う。
2 自分たちの考えを見直し，改修プランの素案を作成しよう
　　　　　　　　　　　　　　　　　　　　　　　　　　（総合　6時間）
 ・専門家の指導・助言をもとに自分たちの考えを見直し，修正する。
3 他の人々の意見や要望も取り入れて，改修プランを作成しよう
　　　　　　　　　　　　　　　　　　　　　　　　　（総合　10時間）
 ・他学年や保護者に説明して意見や要望を聞き，それをもとに改修プ
  ランを練り直し，完成させる。
4 改修プランについて報告し，他学年や地域の方々の理解と協力を得
 よう　　　　　　　　　　　　　　　（総合＋特別活動　10時間）
 ・完成した改修プランについて他学年や地域住民に説明し，改修作業
  への理解と協力を求める。

＊枠内の「総合」は，総合的な学習の時間を示す。

(3)　授業の実際

1）ビオトープのあり方を学び，どのように改修していけばよいか考えよう
① ビオトープの改修・拡張にあたっての留意点について専門家から学ぶ

専門家[16]からビオトープの基本的な考え方や改修にあたっての留意点について学んだ。子どもたちは，生物にとって棲みやすい環境を整備することや具体的な改修計画案を作成していくことの大切さをとらえていった。学習後の感想文に「新しいビオトープは，生き物のことを考えてつくりたい」，「虫や鳥が気軽に来れてそこでずっとすめるようなビオトープをつくって」，「生

き物が隠れる」,「生き物たちの楽園にしたい」という記述が認められることから,そのことが読み取れる(表5-6)。

② 自分なりの考えを出し合い,改修プランの素案を作成する

生物にとって棲みやすいビオトープにすることを目標に,一人一人が自分なりの改修案を考え,その考えを図や文で「アイデアカード」にまとめた。その中には,「生き物が好きそうな花や木にする」という生物を呼び込むというもの,「人の声が聞こえないよう校庭との境を森のようにする」というものなど,専門家の指導をもとにした考えが大半を占めた。しかし,少数ではあるが園芸種であるチューリップやコスモスを植えるなど,ビオトープにはふさわしくない考えも認められた。

そこで,生物が棲みやすい環境を目指した案にするため,各グループで話し合い,検討した。「草,花」「田んぼ」「池」「木」「生き物」のグループに分かれ,チューリップなどの園芸植物を導入すること,「雑草」を抜くこと,池と田んぼをつなぐことはビオトープの環境として適しているのかどうか,どのようにすれば生物を呼び込むことができるのかについて話し合った。図5-7のように,「チューリップやコスモスを植える」に対しては,「買ってきて植えるのではなく,自然に生えるものをはやす」という考えに,「雑草はいらない」に対しては「生き物がすみやすいビオトープにして

表5-6 学習後の感想

○田んぼは,ただ,米をつくるだけなのかと思っていたけど,環境にいいことがわかって,田んぼは大切だと思った。虫はでこぼこの道がいいとか,隙間があるほうがいいとか,いろいろ生き物がすみやすい環境がわかって新しいビオトープは生き物のことを考えてつくりたい。

○ビオトープに木や草などがまだまだ必要だということがわかった。ビオトープをもっとよくするなら,前のビオトープに木をたくさん植えて,虫や鳥が気軽に来れて,そこでずっとすめるようなビオトープをつくっていければいいと思った。新しいビオトープをつくる前に草木を増やさなければならないと思った。

○一番印象に残ったのが,生態系のピラミッド。一番ランクが下の生き物は弱いけど,結局強い生き物も土になることがそれでわかった。

○新しいビオトープをつくるヒントを得た。まず,池とつながる小さい川を作って生き物が隠れる大きい石をいっぱい配置して,もっと緑を増やして鳥たちも呼んで,生き物たちの楽園にしたい。

（下線は,筆者）

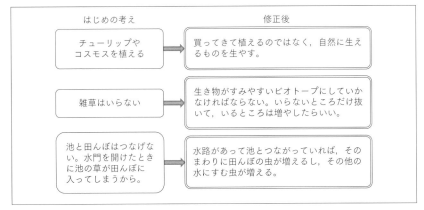

はじめの考え　　　　　　　　修正後

| チューリップや
コスモスを植える | → | 買ってきて植えるのではなく，自然に生え
るものを生やす。 |

| 雑草はいらない | → | 生き物がすみやすいビオトープにしていか
なければならない。いらないところだけ抜
いて，いるところは増やしたらいい。 |

| 池と田んぼはつなげな
い。水門を開けたとき
に池の草が田んぼに
入ってしまうから。 | → | 水路があって池とつながっていれば，その
まわりに田んぼの虫が増えるし，その他の
水にすむ虫が増える。 |

図 5-7　話し合いによる考えの検討・修正

いかなければならない。いらないところだけ抜いて，いるところは増やした
らいい」という考えに，「池と田んぼはつなげない。水門を開けたときに池
の草が田んぼに入ってしまうから」に対しては，「水路があって池とつな
がっていれば，そのまわりに田んぼの虫が増えるし，その他の水にすむ虫が
増える」という考えに修正していった。また，多くの生物が生息できるため
に砂場を腐葉土園にしたり校庭との境に樹木を植えたりするという考えが出
された。その後，各グループの考えを集約し，「素案」をまとめた。

2）自分たちの考えを見直し，改修プランの素案を作成しよう

　自分たちが考えた素案は，本当に生物にとって棲みやすい環境となってい
るのか，修正すべきことはないのか，グループに分かれて話し合った結果を
専門家に報告し，指導・助言を求めた。
砂場を腐葉土園にしたり林を造成したり
する案については承認してもらい，さら
に池の水深の変化の付け方，実生から木
を育て将来的に林にする考え，高低差を
つけた池と田んぼのつなぎ方，草地の管
理の仕方など，留意すべき点について指
導を受けた（写真 13，表 5-7）

写真 13　専門家から指導・助言
　　　　を受ける

表 5-7　子どもたちの「素案」と専門家の指導・助言の内容例

	子どもたちの「素案」	専門家の指導・助言
池とその周辺	・橋を大きく丈夫にする。 ・生き物がかくれるために深くする。 ・田んぼと水路でつなぐ。 ・浮島をつくる。	・浅い所と深い所をつくる。深くすることによって，水草のない水面ができるので，新たな生物が生息する可能性がある。違う種類の水草が増えることによって，いろいろな動物が棲めるようになる。 ・生き物にとっては曲線の方がよい。 ・池のそこに砂地をつくる。 ・石を積み，その隙間で成長できるようにする。
田んぼとその周辺	・田んぼの下に棚田をつくり，池の水を田んぼに送る。 ・水路があって池とつながっていれば，そのまわりに田んぼの虫が増えるしそのほかの水の虫とかがくるから。 ・カブトムシやクワガタに来てほしいので，田んぼと体育倉庫の間に，クヌギ，コナラ，シイなどいろんな木を植え，林にする。	・里山などでは，池にいたナマズや魚が田んぼに遡上して産卵する。池と田んぼをつないで産卵できるようにする。 ・今は緑の量が少ないので，ブナかシイのドングリを植える。 ・ドングリを植えて林をつくれば，近くの神社に来ているカブトムシやセミが来る。 ・生き物が暮らせるには，長い年月がかかる。
草地	・オオカマキリやバッタを増やすため，それらが食べる草を増やす。 ・ムラサキシキブやアブラナを植えてチョウや鳥がたくさんよって来るようにする。 ・ビオトープの道をつくる（木を植えた周りを踏まないため。土を踏んだら育たない）。	・60cm，80cm の少し草丈の高い草がいい。バッタやカマキリがすぐにやってくる。 ・草地をつくるときは，草丈の高さを一定にしない。 ・管理しないと広がっていくので，工夫が必要。 ・刈った草は腐葉土園にもっていくとよい。
樹木	・人の声や雑音で生き物たちが逃げたりしないようにするために木を植え，ビオトープへの出入り口をつくる。 ・隠れる場所をつくるため，木を植える。 ・いろいろな木を，高さを変えて植える。	・並木状ではなく，まとまった緑となるように植える。 ・壁やスクリーンとなるように高い木低い木などを植える。

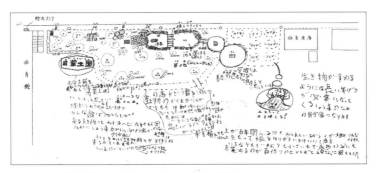

図5-8　A児が考えた「オリジナルプラン①」

　その後，専門家からの「ビオトープの改修を考える時には，人間より弱い
生き物の立場に立って考えることが必要」，「生き物が安心して暮らせるため
には，また，隠れるためにはどのようにすればいいのかなどを考えて工夫す
ることが大切」との教えをもとにして，「オリジナルプラン①」（図5-8）の
完成に力を注いだ。

3）他の人々の意見や要望も取り入れて，改修プランを作成しよう

　他学年の意見や要望を取り入れるために，各教室でプランの説明をした。
説明後は，「もっとチョウなどの虫にきてほしい」，「ブロック塀の所に虫の
通り道をつくってほしい」など，出された要望の中から取り入れられる内容
を選択して改修プラン①に盛り込むようにした。

　次は，いままで考えてきた案に間違いがないのか，何をどうすればよりよ
いものになっていくのか考える最終段階である。専門家から，「『生き物に
とって』を考えよう」，「生き物は種類によって環境の好みが違うため，その
生き物に適した場所をつくろう」，「外来種より昔からいる生き物を増やそ
う」という指導・助言をもらい，その内容を組み入れて多様な生物の生息空
間へと改修プランを完成していった（図5-9）。

4）改修プランについて報告し，他学年や地域の方々の理解や協力を得よう

　改修プランの内容について，全校児童，保護者，地域住民が参加する「ビ
オトーププロジェクト全校集会」で発表し，ビオトープに対する理解と次年

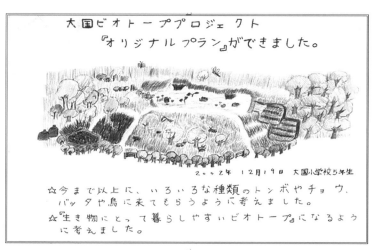

図5-9　完成した「オリジナルプラン」

写真14　「オリジナルプラン」をもとに改修されたビオトープの全景（次年度）

度に行われる改修作業への協力を得るようにした。他学年からは，「みんなの意見を聞いてもらっていて嬉しいです」，「今までに来なかった生き物が来ると嬉しいな」，「ビオトープが大きくなったら一番に遊びに行きたい。とっても楽しみです」と期待感を表した感想を聞くことができた。また，地域住民からは「とてもいい計画ができて私たちも嬉しいです。みんなで作業するときは，ぜひ頑張らせてもらいます」などと協力要請に応える声を聞くことができた。それらを受けた子どもたちは，次年度に展開する改修作業への意欲を高めて，「オリジナルプランづくり」の学習を終えた。

⑷ 実践を終えて

　学習記録から，子どもたちが生物に対する見方・考え方をどのように深めていったのかとらえた（表5-8）。A児は，学習のはじめは「ビオトープをきれいにしていく」という考えをもっていたが，その後の学習によって「長い年月」をかけて「できるだけ自然と同じ環境に近づけないといけない」という考えに変わっている。T児は，「自然のことをもうちょっと考えて」「生き物の気持ちになって考える」ことの大切さを学びとっている。このように，専門家の指導・助言によって子どもたちの生物に対する見方・考え方は深化していった。

表5-8　「ふり返りシート」にみられる生物に対する見方・考え方の深化

学習内容	抽出児の「ふり返りシート」の内容	
	A児	T児
ビオトープの考え方を学ぶ	ビオトープをきれいにしていったり，生き物がすみやすいビオトープにしていったりしていかなければならないと思った。	これからは自然のことをもうちょっと考えようと思った。
素案の見直し	ビオトープをじっくり作らないといけないことがわかった。	池のことを聞いて，アドバイスを受けてよかった。いいビオトープになりそうだと思った。
練り上げ	これからは，直すところは直していく。それを難しいとは思わないけれど，もっと小学校全員の意見を計画に入れたかった。改修で生き物がいなくなると思ったけど，少しずつ改修してビオトープをオリジナルプランに近づけたらいいと思った。	ビオトープにくわしくて参考になったし，今までがんばってきていいビオトープになりそうだから，良かったと思う。「いいビオトープにする」。
ふり返り	改修しても来てほしい生き物がすぐに来るのではなく，長い年月が必要になってくることがわかった。いきなり大きい木よりも小さい木で成長の早い木を集めて土の盛り方を工夫すれば森づくりのヒントになることもわかった。生き物がすみやすい環境にするには，できるだけ自然と同じ環境に近づけないといけないことがわかった。	池を水路で田んぼにつなげたらいいとかを教えてもらったりして，深さをバラバラにしたりすると生き物にとってすみやすい環境になるとか，考えてもいなかったけど，言われて，生き物にとってすみやすい環境とかすみにくい環境とか，生き物の気持ちになって考えようと思った。
		（下線は，筆者による）

表5-9は，「この学習をする前と比べて自分なりに変わったなと思うこと」の記述内容である。「自然の大切さや必要性の理解」(16) に関する記述が多いことがわかる。その内容には「自分がよければそれでいいや」という利己主義的な考えではなく，「生き物の命は大切なんだ。草花や虫がどんなに必要かがわかるようになった」という生物と共生していくことの重要性に気付いた記述も認められる。観察を通して生物を自分と同じ命ある存在として認識できたものと考える。次に，「生き物を探したり見つけたりして調べるようになった」などの「生物に対する興味・関心の高まり」(15) に関する記述，「虫や木や草にはどんな種類があるのか少しずつわかるようになった」という「生物に対する知識の増加」(3) が続いた。

「まだビオトープのことを知らない人に，ビオトープのことを知らせたいこと」としては，「たくさんの生き物たちが生き生きと暮らすことのできる

表5-9　この学習をする前と比べて自分なりに変わったなと思うこと

記述内容	記述数	記述例
自然の大切さや必要性の理解	16	・はじめは「自分がよければそれでいいや」と思っていたけれど，ビオトープを改修していくうちに，生き物の命は大切なんだと，草花がどんなに必要かがわかるようになった。 ・前は生き物に関して全然知らなかったけど，今はよくわかるようになった。それに，虫はいなかったらいいなと思っていたけど，今は虫がいたら自然がたくさんできると思うようになった。 ・前は，自然なんか何の役にも立たないと思っていたけど，木などを植えると二酸化炭素を吸って酸素をはくということを聞いて，これからもっと植えなければならないと考えるようになった。 ・生き物の気持ちになって考えるようになった。いろんな虫や鳥に来てほしいと思うようになった。
生物に対する興味・関心の高まり	15	・鳥なんかを見つけると，あ！あれは何？とかって，みんなで調べるようになった（気になるようになった）。 ・生き物が好きになった。もっと生き物のことが知りたいと思い，生き物を探したり見つけたりして，調べるようになった。 ・見つけた草とか虫の名前を知りたくなるようになった。 ・アリやダンゴムシも触れなかったけど，今は触れるようになった。
生物に関する知識の増加	3	・虫や木や草にはどんな種類があるのか少しずつわかるようになった。

場所です。人間も生き物も一緒に遊べる所です」など，ビオトープは多様な生物の生息空間であり生物が安心して生活できる場であるという内容が大半を占めた。次に，「ビオトープは自然を増やすことができるから，いろいろなところに広めてほしい」，「大阪にあった自然をまた取り戻せますように」とビオトープの

写真15　改修工事，水路をつくる

果たす役割を知らせたり，自然再生への期待感を表したりする記述が多く認められた。

　こうしたビオトープの意義の理解は，改修工事に率先して取り組む態度に結びついていった。子どもたちが6学年になってから，改修プランは専門家の手によって設計図に表され，その実現に向けて少しずつ工事が進められていった。教職員の指導を受けながら，子どもたちは他学年や保護者，地域住民とともに改修工事を進めていけるように作業計画を立てたり，盛り土や植林，水路づくりなどの工事を手作業で進めたりして，自分たちのアイデアを次々に形にしていった（写真15）。意欲的に取り組んだ改修工事の内容は，貴重な経験として卒業文集に収められた。その中にも，「これまでやってきたことで，生き物は自分にあった土地でないと来ないということがわかりました」や「ビオトープを改修して生き物の立場になって考えることができました」など，生物に対する考えの変容ぶりがうかがえた。

6　生物が人と人とをつなぐ

　学校ビオトープに棲む生物の生活ぶりは，子どもたちにとって不思議さや面白さにあふれている。それを発見できた喜びを多くの人々と共有したいと考えるようになり，次から次へとその発見が伝わっていくとともに伝え合う人どうしの心の交流が広がっていく。生物が人と人とをつないでいくのである。次に，その例を紹介する。

⑴「○○さん，あのね」（第1学年）

　1年生が日常生活の中で見つけたことや考えたことを綴る「○○さん，あのね」には，学校ビオトープで発見した生物の様子も多く記述されるようになり，語る相手も担任だけでなく，他の教職員，友達，家族へと広がっていった。返事には，子どもたちが自然の不思議を発見したことへの賞賛の言葉や自然への接し方についての助言などが示されており，子どもたちの生物に対する観察意欲や愛着の気持ちをさらに高めることとなった（図 5-10）。

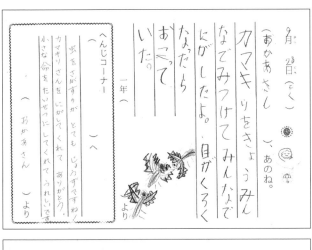

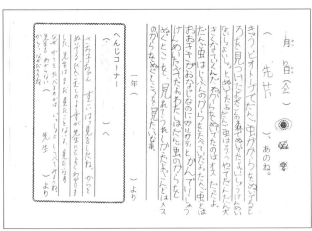

図 5-10　「○○さん，あのね」の例

⑵「ビオトープかるた」（第 2 学年）

　生活科の単元「お家の人となかよし―ビオトープであそぼう―」の中で，子どもたちはみんなで楽しく遊べる方法の一つとして「ビオトープかるた」を選んだ。「こまつもむし　ふたつのあしで　すーいすい」というように生物の体の特徴をとらえた内容や「おおかまきり　かまでおさえて　ぱっくりたべた」などの食う食われるという関係，「やごが　すなのなかで　かくれんぼ」などの生息環境との関係などが 50 音のかるたにまとめられた。完成後に，保護者と楽しく遊ぶ中で，「すごいとこ見つけたね」，「可愛い花みてみたいな」などと保護者から声をかけられ，子どもたちはさらに新たな発見をしたいと意欲を高めていった（図 5-11，写真 16）。

図 5-11　「ビオトープかるた」の例　　写真 16　保護者とかるた取り

(3) 作文「ビオトープとおじいちゃん」（第4学年）

　作文「ビオトープとおじいちゃん」には，N児とその祖父が生物を発見した喜びを競い合うようにして交流する場面や生物を題材に祖父が演じる指人形劇を家族が笑いながら観賞する場面などが記されている。そこには，生物が家族どうしのコミュニケーションを深めた証が記されており，心の交流の場としての学校ビオトープの存在意義を知らせてくれている。

ビオトープとおじいちゃん

　おじいちゃんは七十四才。花や虫が大好きです。今、おじいちゃんの一番の楽しみは学校のビオトープで花や虫をみることです。

　毎日、おじいちゃんは私達を迎えに学校に来ます。待っている間はビオトープでずっと花や虫を見ながら過ごしています。今はヤゴに夢中です。私たちがそばに行くとすぐに、

「今日は、ヤゴいた？」

と聞いてきます。

「いた。今日はギンヤンマのヤゴがいたよ。すごいスピードで逃げていったわ。」

と私が報告すると、妹も自まんげに

「私も見つけたで。すごく大きかったで。」

と言います。それを聞いておじいちゃんが

「そうか。おじいちゃんが見たときはメダカしかいなかったなあ。あしたは見つけるぞ。」

とくやしそうに言います。おじいちゃんの家に帰る途中も、ずっとビオトープの話を続けています。この前は、信号が赤なのに渡りかけて、

「おじいちゃん、あぶない、赤だよ。」

とびっくりしてひっぱると、

「おっとっと、つい夢中になってしまった。」

と反省していました。

「昔、おじいちゃんが子どもの頃、近くに池があったので、ビオトープを見ていると昔をよく思い出すのだよ。ヤゴやメダカやトンボを友達とよくとりにいったなあ。」

と、とてもなつかしそうに話してくれます。

「昔は自然がいっぱいあってよかったなあ。」

と少し残念そうです。ビオトープができてから、おじいちゃんは昔のことをよくはなしてくれるようになりました。私達は、おじいちゃんの話を聞くのが楽しみです。

　おじいちゃんの家へ帰ってからもビオトープの話をよくします。会社から帰ってきたお父さんやお母さんも入って話がもり上がります。おじいちゃんは、トンボやメダカやチョウなどを画用紙に描いて指人形のようなものを作って箱にしまっています。妹が、

「おじいちゃん、虫のお話して。」

と言うと、それを出してきて、その日、ビオトープで見つけた虫の様子をげきみたいにして、見せてくれます。トンボや虫を指にさして、

「これがこっちへ飛んできて、こっちの虫をパクっとたべようとねらっていたんだよ。」

　おじいちゃんの指の動きと話し方が面白いので、おばあちゃんまで笑いすぎてせきが出てしまいます。ビオトープの虫たちの様子を話す時のおじいちゃんは、いっぺんに若くなります。すごく元気になります。

「ビオトープは本当にいいね。おじいちゃんだけでなく、自然が少なくなっているので、自然にふれることは、それはいい機会になっているね。ビオトープをつくったのは正かいだったね。」

とお母さんはいつも感心しています。私も大正かいだと思います。

　ビオトープとおじいちゃん、いつまでも、いつまでも元気で生きてほしいと思います。

（原文のママ）

注

1) 白井信雄「環境配慮意識の形成要因としての自然とふれあう遊びに関する研究」『環境情報科学別冊第9回環境情報科学論文集』No.9，1996，朝岡幸彦編著『新しい環境教育の実践』高文堂，2005，p.92. 黒澤毅・目崎素子「日本における環境教育の推進への提言」『環境教育研究4』北海道大学教育情報センター，2001，p.5. 石井晶子ほか「大学生の自然の親しみ方と環境問題への関心および環境保全行動の要因について」『環境教育』Vol.11，No.2，日本環境教育学会，2002，pp.41-42.

2) 土木デザイン研究委員会「土木デザインの実践的理念と手法に関する研究・調査」www.edd.osaka-sandai.ac.jp/~k-bara/civil_design/…/frame_02-4.htm（2013年5月24日参照）

3) 谷村載美「学校ビオトープを活用した環境教育に関する研究（Ⅱ）―都市部における学校ビオトープの展開とその教育効果―」『研究紀要137号』大阪市教育センター，2000，pp.26-37.

4) 木村学「学校ビオトープにおける子供の自然探索行動―休み時間の虫取り遊びはいかにして展開されるか―」『環境教育』Vol.17，No.1，日本環境教育学会，2007，pp.53-62. 塩俵昴・安藤秀俊「小学校におけるビオトープを用いた自然体験活動が児童に及ぼす教育的効果―土壌動物・種子散布の指導事例をもとに―」『理科教育学研究』Vol.54，No.2，日本理科教育学会，2013，pp.194-196.

5) 文部科学省「小学校学習指導要領解説理科編」https://www.mext.go.jp/component/a_menu/education/micro_detail/__icsFiles/afieldfile/2010/12/28/1231931_05.pdf（2021.8.3参照）文部科学省「小学校学習指導要領（平成29年告示）解説理科編」https://www.mext.go.jp/component/a_menu/education/micro_detail/__icsFiles/afieldfile/2019/03/18/1387017_005_1.pdf（2021.8.3参照）

6) 長島康雄・平吹喜彦「景観スケールを重視した環境教育プログラムの開発・1. 景観スケールの有効性と防潮マツ林を事例とした学習プログラムの開発」http://www.jstage.jst.go.jp/article/jjsrt/36/3/36_3…/_pdf（2017年10月28日参照）

7) 伊東啓太郎「都市における緑地・水辺のデザインをとおした生物多様性指標（文化的指標）の開発に向けて」https://www.jstage.jst.go.jp/article/jjsrt/36/3/36_3_387/_pdf（2017年10月28日参照）

8) 谷村載美・三田桂子「学校ビオトープの活用実態の評価」『堺・南大阪地域学の世界シリーズ15　検証・学校ビオトープ―阪神地域における取り組みを通じて―』，阪神・都市ビオトープフォーラム，2008，p.47.

9) 佐島群巳他編『環境教育指導事典』国土社，1996，p.214.

10) 財団法人日本生態系協会『ビオトープネットワーク―都市・農村・自然の新秩序―』ぎょうせい，1996，p.40.

11) 大阪市教育センター・関西電力株式会社・株式会社環境総合テクノス『学校ビオトープの整備・活用に関する要領書』大阪市教育センター，2006，p.4.

12) 文部科学省，前出

13) 谷村載美・三田桂子，前出，p.46.

14) 授業の構想は筆者が，それにもとづく実践は大阪市教育センター研究協力校（当時）である大阪市立三国小学校と大阪市立大国小学校の協力を得て行った。

15) 生物の観察指導にあたっては，有本智氏（海南市わんぱく公園　園長）のご指導をいただいた。

16) 学校ビオトープの改修計画については，上田徹氏と高島貴聖氏（（財）環境総合テクノス　当時）にご指導・ご助言をいただいた。

付記

学校ビオトープの活用実態に関する調査は，平成 17 年度科学研究費補助金（奨励研究）課題番号 16907024 の支援を受けて実施した。

あとがき

　今でも忘れられない光景がある。アスファルトの割れ目に咲くノゲシを指さし「わあー　きれいな花が咲いているよ。見て！」と声をかける幼児とそれに「ほんと，黄色いきれいな花だね」とほほ笑みながら応える母親の姿である。信号待ちをする人々の多くは，道端に咲く「雑草」に関心を示すこともなくただ通り過ぎていくなかでの親子の会話であった。この母親のように，子どもの豊かな感性に出会った時に，感動を分かち合い，知的好奇心を喚起できるような大人でありたいと願うとともに，都市の子どもと自然をつなぐ教育活動の可能性と必要性を改めて感じさせられた出来事であった。

　この事例は，まずは，身近な自然と出会うことの重要性を示していた。都市域においても身近な緑や生物との出会いに心はずませたり，自分なりの発見を楽しんだりすることはできる。アスファルトの割れ目に生育する野草や街路樹を間近にみたり，公園に訪れる鳥のさえずりや虫の声に耳を傾けたり，葉や花のにおいを嗅いでみたりして。そうした経験を幼少期から積み重ねていくことによって，感性が磨かれ，生物多様性や生態系の保全への意識を高めていくものと考えた。

　とはいえ，自然環境が減少していくなかで，何を教材にどのような授業を展開していけばよいのか，子どもの自然体験の実態はどうかなど，課題は山積していた。それらを解決すべく研究活動をスタートしたのを思い出す。

　それから何十年という歳月が流れた。現実はきびしいものである。

　SDGs という言葉に触発され，改めて環境問題に関心をもち，節電・節水，再利用・リサイクルなど，個人でできる取組を始める人々の数は増えつつある。その一方で，生物多様性という言葉の意味を知っている人や生物と触れ合ったり自然のすばらしさや季節の移ろいを感じたりしている人は25％以下と少ないことが内閣府の世論調査で明らかになっている。自然体験の重要性が叫ばれてから久しくなるにもかかわらず，それに逆行するような実態に驚きを隠せない。

このままでは，人々の自然に対する興味や関心，保全意識は大きく衰退し，社会の自然離れが一層進む恐れがあると危惧されている。いまいちど，自然と触れ合うことの重要性を多くの人々が理解し，その楽しさを実感できるようにしなければならない。

　その役割を担うのは，やはり学校教育であろう。しかし，「授業時間の確保が難しい」，「適切な教材やプログラム等の準備ができない」などを理由に環境教育の実施率は低く，なかでも学校内や地域の自然を活用した学習の実施率は 20 ％以下となっている（環境省　2021 年）。この現状を打破する具体策が求められる。

　本書には，学校内や地域の自然環境の教材化を図り，教科等横断的な環境教育プログラムを開発し展開した内容を収録している。子どもの身近な生活空間に自然環境を整備し活用する方法についても提案している。それらが，課題解決の一助として役立ち，多くの人々や地域に広がり，実践されることを期待したい。生物の採集経験が生物の名前や生息環境の認識及び環境問題への関心に関与していることを明らかにした調査結果は，環境保全行動を促進するうえで自然体験を疎かにできないことを改めて認識していただく機会となったものと確信している。ただ，退職後の立場では 2012 年以降に本調査を継続し得ず，忸怩たる思いでいる。あれから 10 年以上を経過した現在，子どもたちの生物に対する体験・意識にも変化が生じているものと考える。実態に応じた教育を実現するために，教育委員会等によって同様の調査が継続実施されることを願うのみである。

　本書の刊行に導いてくれたのは，再び目にした子どもたちの学習記録の内容であった。そこには，生物との触れ合いを通して生物が生き残るための戦略の多様さと巧みさに対する感動など，生物や生物多様性に対する畏敬の念があふれていた。これこそが，いま大切にしなければならないことではないか。教育施策が「学力」重視に転換され，環境教育が疎かにされがちな傾向にあるなかで，いまいちど，自然体験を通した環境教育の重要性を多くの方々と共有する必要があるのではないか。そんな使命感にも似た思いが沸き上がり，いままで取り組んできた研究の成果を公にしたいと考えた次第である。

長年にわたる活動を推進できたのは，さまざまな示唆や刺激を与えてくださった多くの方々があったからである。一人一人のお名前を掲載することはできないが，これまでにかかわりをもっていただいたすべての方々に心よりお礼申し上げる次第である。

　とりわけ，調査や授業研究に快くご協力くださった大阪市立の小・中学校の教職員の方々，また，本書の中で分析・考察の対象とさせていただいた先行研究などについて，それらをもたらされた先学諸氏に厚くお礼申し上げる次第である。

2022 年 10 月　　　　　　　　　谷村　載美

―――――――― 著者略歴 ――――――――

谷村　載美 （たにむら　としみ）

元大阪市教育センター　研究官。
1954 年，兵庫県に生まれる。
大阪教育大学教育学部卒，大阪教育大学大学院教育学研究科修士
課程修了。大阪市立小学校教諭を経て大阪市教育センター所員，
同センター研究官。
武庫川女子大学非常勤講師（総合学習の研究），大阪教育大学非常
勤講師（初等理科教育法），京都教育大学非常勤講師（初等理科教
育ほか）

主な著書
『自然に学ぼう』（1997 年，近代文芸社），『学校ビオトープの展開
―その理念と方法論的考察―』（1999 年，信山社サイテック），『学
校ビオトープ事例集』（1999 年，トンボ出版），『学校ビオトープ
Q & A』（2001 年，東洋館出版社），『地域環境教育を主軸とした
「総合学習」の展開』（2006 年，協同出版），『環境教育と総合的な
学習の時間』（2011 年，協同出版）など分担執筆。

都市の子どもと自然をつなぐ

2023(令和5)年 6 月 14 日　初版第 1 刷発行

著　　者：谷村載美
発 行 者：錦織圭之介
発 行 所：株式会社　東洋館出版社
　　　　　〒101-0054　東京都千代田区神田錦町 2 丁目 9 番 1 号
　　　　　　　　　　　　　コンフォール安田ビル 2 階
　　　　　代　　表　電話 03-6778-4343　FAX 03-5281-8091
　　　　　営業部　電話 03-6778-7278　FAX 03-5281-8092
　　　　　振　　替　00180-7-96823
　　　　　Ｕ Ｒ Ｌ　https://www.toyokan.co.jp
印刷・製本：藤原印刷株式会社
装幀・本文デザイン：藤原印刷株式会社

ISBN978-4-491-05173-4　　　　　　　　　　Printed in Japan